Kathleen Becker, Buchautorin und Reisejournalistin, lebte lange Jahre in London, heute hat sie ihren Wohnsitz in Portugal. Für diesen Band recherchierte sie mehrere Wochen vor Ort.

Martin Sasse hat als Fotograf ein Faible für Großstädte und Exotik. Für den Bildatlas war er schon mehrfach unterwegs, zuletzt in Dubai.

Liebe Leserinnen, liebe Leser!

Selbst wer noch nie in London war, kennt Buckingham Palace, Tower Bridge, Westminster Abbey, Hyde Park oder Piccadilly Circus. Die Namen haben einen bekannten Klang und begegnen einem immer wieder in Film und Fernsehen. Aber das ist nur die eine Seite von London.

British Way of Life

Mindestens ebenso spannend ist es, in das Londoner Leben einzutauchen. Einen Spaziergang durch den Hyde Park zu unternehmen, zuzusehen wie Jogger ihre Runden drehen, Spaziergänger lässig dahinflanieren und bei schönem Wetter Sonnenhungrige den Rasen mit Beschlag belegen. In der Grünzone entspannt sich ganz London. Anders die Szenerie in den großen Geschäftsstraßen, in Oxford Street, Regent Street, rund um Covent Garden, in Kensington oder Soho. Hier herrscht fast immer eine leicht hektische Stimmung, der Strom von Kauf- und Schaulustigen reißt nicht ab. Unbedingt einplanen müssen Sie einen Abstecher in die großen traditionsreichen Kaufhäuser, allen voran natürlich Harrods, Selfridges und Fortnum & Mason.

Pubkultur und Five-o'Clock Tea

Aber Sie sind nicht in London gewesen, wenn Sie sich nicht zumindest einmal einen traditionellen Nachmittagstee gönnen. Der Besuch im Ritz ist zwar nicht ganz billig, aber wirklich ein Erlebnis! Hier wird der Tee unter Kronleuchtern mit dezenter Klaviermusik serviert, very british, indeed (s. S. 88 ff.). Ebenso eine Institution ist der Besuch im Pub. Ich wollte gern gleich mehreren Empfehlungen unserer Autorin Kathleen Becker folgen (s. S. 74 f.), doch „leider" gefiel es uns dann im Blackfriars, einem herrlichen Jugendstil-Pub, so gut, dass wir den restlichen Abend dort verbrachten …
Viel Spaß bei Ihren London-Entdeckungen
Herzlich Ihre

Birgit Borowski
Programmleiterin DuMont Bildatlas

28–29
BIG BEN

Genau genommen heißt nur die Glocke im weltberühmten Uhrenturm, einem der markantesten Wahrzeichen Londons, „Big Ben".

18–19
TOWER BRIDGE

Access to Exzess: London ist eine offene Bühne, und die Tower Bridge das grandiose Tor dazu.

DuMont Thema

74–75
DAS ÖFFENTLICHE WOHNZIMMER

„Die Menschheit hat bis heute nichts Besseres erfunden, das so viel Glück erzeugt wie eine gute Taverne oder ein Inn" (Samuel Johnson).

DuMont Thema

88–91
ZUM NACHMITTAGSTEE INS HOTEL RITZ

Nicht ganz billig, aber ein Erlebnis: Serviert wird unter den Kronleuchtern des eleganten silber- und gold schimmernden Palm Courts.

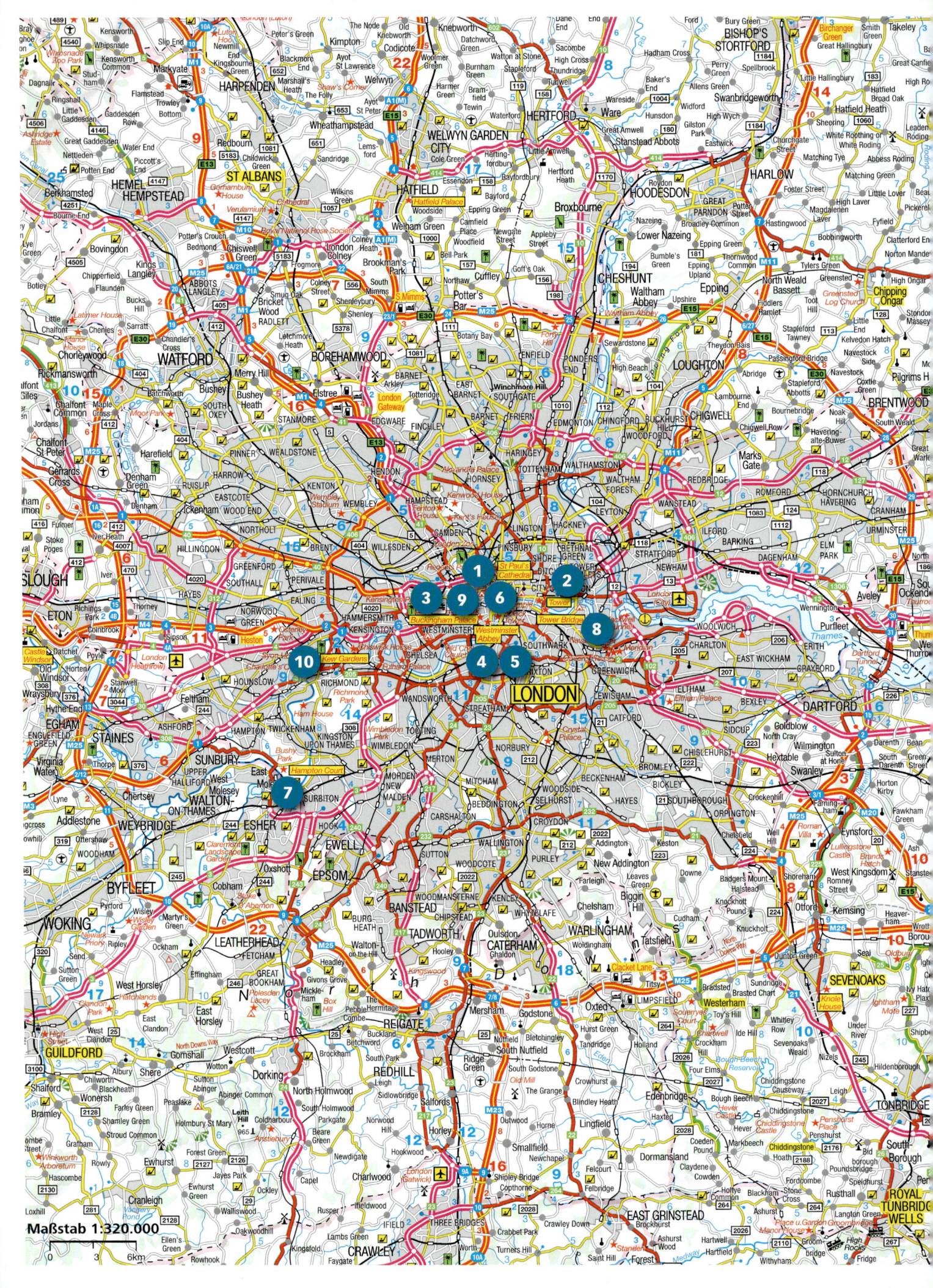

Topziele

Die bedeutendsten Sehenswürdigkeiten Londons sowie Erlebnisse, die Sie keinesfalls versäumen dürfen, haben wir auf dieser Seite für Sie zusammengestellt. Auf den Infoseiten ist das jeweilige Highlight als ▶TOPZIEL gekennzeichnet.

KULTUR

1 St. Paul's Cathedral
Von der Golden Gallery auf der Kuppel der Kathedrale hat man einen herrlichen Panoramablick.
Seite 37

2 Tower
Um den Tower of London – und die Kronjuwelen – zu besichtigen, kommen Sie am besten schon recht früh.
Seite 38

3 Buckingham Palace
Zu Besuch bei den Royals: Buckingham Palace ist seit 1837 die offizielle Stadtresidenz des britischen Monarchen.
Seite 38

4 Houses of Parliament
Hier können Besucher Debatten beider Häuser mitverfolgen – und Londons Wahrzeichen, den Big Ben, bestaunen.
Seite 39

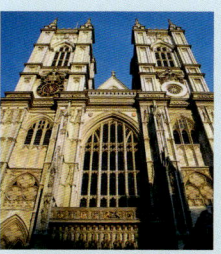

5 Westminster Abbey
Sie möchten den Krönungsthron sehen? Kein Problem: Come to the Abbey.
Seite 39

6 British Museum
The Lady is a Star: Am hellsten leuchtet der Stern des British Museum am Londoner Museumshimmel.
Seite 49

7 Hampton Court
Im prächtigen Hampton Court Palace nähern Sie sich einer der schillerndsten Figuren der britischen Geschichte: Heinrich VIII.
Seite 77

8 Tower Bridge
Die berühmteste Brücke der Stadt kann überquert, besichtigt und immer wieder neu bestaunt werden.
Seite 78

NATUR

9 Hyde Park
Vor allem morgens ist der vom königlichen Jagdrevier zur öffentlichen Anlage umgewandelte Park ein echtes Idyll.
Seite 93

10 Kew Gardens
UNESCO-Welterbe in Grün, aber nicht nur für Botanik-Freaks interessant.
Seite 95

LONDON EYE

Wer ein Auge auf London werfen will, dem bietet das „London Eye" wohl die beste Möglichkeit dazu: Mit 135 Metern Höhe derzeit das größte Riesenrad Europas, hat man von den futuristisch anmutenden Glaskapseln der ursprünglich für die Feierlichkeiten zum Jahrtausendwechsel entworfenen, nun aber bleibend installierten Attraktion faszinierende Blicke auf Themse, Palace of Westminster und Big Ben.

NOTTING HILL

War da nicht irgendwo die Buchhandlung, in der Julia Roberts auf Hugh Grant traf? Keine Sorge: Hilfsbereite Polizisten weisen den Weg in Notting Hill, was eine durchaus erheiternde Angelegenheit zu sein scheint. Ihren Spitznamen erhielten die „Bobbies" übrigens von Sir Robert (Bobby) Peel, dem Begründer der traditionell ohne Schusswaffen auf Streife gehenden Metropolitan Police Force.

LEADENHALL MARKET

*Viktorianisch mutet das Ambiente der im Jahr 1881 von Sir Horace Jones errichteten Markthallen an. „Shopping"
hat hier schon eine lange Tradition: Bereits im Mittelalter gab es am Ort des Forums von Londinium – Hauptstadt der
römischen Provinz Britannia – einen Markt.*

TRAFALGAR SQUARE

An den Sieg Admiral Nelsons über die französisch-spanische Flotte am 22. Oktober 1805 vor dem spanischen Kap Trafalgar erinnert der von John Nash entworfene, zwischen 1829 und 1851 errichtete Trafalgar Square. Die beiden Springbrunnen zu Füßen der Nelson Column sind deutlich jüngeren Datums: Erst im Jahr 1948 wurden die nach Entwürfen von Sir Edwin Lutyens gestalteten Brunnen aufgestellt.

„THE GHERKIN“

Kaum eine andere europäische Stadt hat sich in den letzten Jahren so sehr gewandelt wie London – besonders augenfällig an Sir Norman Fosters 180 Meter und 40 Stockwerke hohem Wolkenkratzer „30 St. Mary Axe“, der aus nahe-liegenden Gründen auch „The Gherkin“ („Die Gewürzgurke“) genannt wird.

„Es ist entsetzlich! Es ist toll!"

London sei „das grandioseste und komplizierteste Ungeheuer, das die Welt trägt", meinte der Komponist Felix Mendelssohn Bartholdy, der im April 1829 erstmals nach London reiste. Das ist schon ein paar Jährchen her, aber am Kern der Aussage hat sich bis heute nichts geändert. London ist ein Traum für diejenigen, die diese Stadt noch vor sich haben, ein Alptraum für diejenigen, die gerade mittendrin sind, und eine Herausforderung für alle, die schon mal hier waren – und immer wiederkommen.

Access to Exzess: London ist eine offene Bühne, und die Tower Bridge das grandiose Tor dazu.

Stadt, Land, Fluss: die Themse als Lebensader der pulsierenden Metropole

Always busy: vor der Royal Exchange, dem
Gebäude der ersten Londoner Börse

„Bitte recht freundlich": Gruppenbild mit Dame(n) in einer Glaskapsel des London Eye

London ist das unangefochtene Zentrum des Landes. Hier leben knapp siebeneinhalb Millionen Londoner, die mehr als zwanzig Prozent des britischen Bruttosozialproduktes erwirtschaften, und wenn Sie jetzt gerne wissen möchten, was das überhaupt ist, ein „Londoner", dann haben wir schon ein Problem. Oder wollen Sie vielleicht zunächst einmal wissen, was „London" überhaupt ist?

LONDON UND DIE LONDONER

„London" gibt es zumindest als offizielle Version: Da heißt die Stadt „Metropolitan County Greater London". Als solche ist sie unzweifelhaft die Hauptstadt des Vereinigten Königreiches Großbritannien und Nordirland und für manchen sogar – *greater London*, lautete das Stichwort – die Hauptstadt der Welt. Eine Welt übrigens, die sich in 33 Teile teilt: mindestens. In die „City of London" nämlich und 32 sich ringförmig um dieses zentrale Herz der Stadt ausbreitende Boroughs (Gemeinden). Um das Ganze zu vereinfachen, bezeichnet man die inneren zwölf Boroughs als „Inner London", die äußeren als „Outer London". In all diesen Boroughs jedenfalls leben Menschen, und da wären wir wieder beim ersten Problem: dem Londoner. Wahlweise auch bei der Londonerin, für die das Gleiche gilt: Es gibt

sie nicht. „Die" Londonerin genauso wenig wie „den" Londoner, denn so, wie die inoffizielle Definition der Stadt lauten könnte, „London ist das, was man daraus macht", gilt für die hier lebenden Menschen, dass vor allem derjenige ein Londoner ist, der sich als Londoner fühlt. Nur fühlt sich leider zuverlässigen Insiderberichten zufolge kaum jemand als Londoner – im Zweifel bestehen die meisten auf der Zugehörigkeit zu ihrer Gemeinde. Und es scheint sich eben ganz anders anzufühlen, ob diese Gemeinde nun Camden oder Hackney heißt, Greenwich oder Richmond upon Thames. London jedenfalls heißt sie nicht, was die berechtigte Frage aufwirft, was man denn überhaupt besichtigen soll, wenn man nach „London" fährt. Ja, was eigentlich?

VIERTEL FÜR VIERTEL

Sie sehen schon: Orientierung ist dringend geboten. Genau das wollen wir an dieser Stelle auch versuchen, indem wir Ihnen einen ersten Überblick geben: Nicht darüber, was diese Stadt ist, sondern darüber, was diese Stadt sein kann, wenn man sich auf sie einlässt: wahlweise ein Dorf oder eine ganze Welt. Eine Welt, in der Sie von Stadtviertel zu Stadtviertel durch viele Welten reisen können, in der Sie geschätzte 300 Sprachen hören und mehr Menschen der verschiedensten Kulturkreise begegnen können, als Sie bisher überhaupt annahmen, dass es sie gibt. Und weil das alles dann möglicherweise doch ein bisschen viel auf einmal ist, wollen wir Ihnen an dieser Stelle noch einen Tipp mit auf den Weg geben, wie man dieses liebenswerte Monstrum von einer Stadt am besten erleben kann. Eigentlich handelt es sich mehr um eine Haltung als

London ist das, was man daraus macht.

um einen Tipp, und formuliert hat sie der Schriftsteller Hanif Kureishi, der schon deshalb ein verlässlicher Zeuge ist, weil er als Sohn eines Pakistaners und einer Engländerin in der britischen Grafschaft Kent geboren ist. Also bei London und definitiv nicht als „Londoner". Somit erklärt sich auch die Gelassenheit, mit der Kureishi in seinem Bestseller „Der Buddha aus der Vorstadt"

Im Foyer des Tower 42 (NatWest Tower), einem Wolkenkratzer im Finanzzentrum

Wendeltreppe im Londoner Rathaus (City Hall)

Alt und Neu: Tower Bridge und Sir Norman Fosters „schiefgelegte" City Hall

„Endlich war ich also in London, und nichts machte mir mehr Spaß, als den ganzen Tag in meinem neuen Revier herumzuschlendern."

Hanif Kureishi

schreibt: „Endlich war ich also in London, und nichts machte mir mehr Spaß, als den ganzen Tag in meinem neuen Revier herumzuschlendern. London kam mir vor wie ein Haus mit fünftausend verschiedenen Zimmern; der ganze Reiz lag darin, zu entdecken, wie die Zimmer untereinander verbunden waren, und sie allmählich alle zu durchlaufen."

DER HISTORISCHE KERN: CITY OF LONDON

Wo heute zwischen den Bürotürmen der Finanzmeile Nadelstreifenträger eiligen Schrittes mit Laptop und Milchkaffee *on the go* zum nächsten Meeting eilen, nahm London im Jahr 43 unserer Zeitrechnung seinen Ausgang als römische Siedlung Londinium. Sichtbar davon ist heute nur noch sehr wenig: ein paar Meter Stadtmauer aus dem späten 2. Jahrhundert direkt neben der Tower-Hill-U-Bahn-Station zum Beispiel, die Grundmauern eines Mithras-Tempels aus dem 1. Jahrhundert und last not least der „London Stone". Was es mit diesem sagenumwobenen Stück Kalkstein auf sich hat, darüber gibt es viele Legenden: Vom Altarstein bis zum Überbleibsel eines Steinkreises reichen die Theorien – am wahrscheinlichsten klingt die These, dass die Römer ihn als Markierungsstein verwendeten, um von hier aus Entfernungen zu messen. Entscheidend ist aber vor allem der Mythos,

Die St. Paul's Cathedral von außen (rechts) und von innen (unten) mit der nicht zufällig an den Petersdom in Rom erinnernden, 111 Meter hohen Kuppel. Rechte Seite unten: Die Kirche St. Andrew Undershaft (rechts neben Fosters Glaspalast) reicht in ihrem Ursprung bis ins 12. Jahrhundert zurück; in ihrer jetzigen Form entstand sie im 16. Jahrhundert.

dass nichts weniger als die Existenz der Stadt auf dem Spiel stünde, würde dieser Stein jemals zerstört. Und wie geht man in London mit diesem bedeutsamen historischen Erbe um? Man verstaut das Ding jahrelang hinter einem vergitterten Erker, der in die Wand eines Sportgeschäfts in 111 Cannon Street eingelassen ist und an dem die meisten Passanten achtlos vorbeilaufen.

WO DIE AXT BEGRABEN LIEGT

Mehr Beachtung erfährt da schon Sir Norman Fosters phallischer „Gherkin", ein 180 Meter hoch aufragender Wolkenkratzer, nach seiner Adresse „30 St. Mary Axe" benannt. Zeichen der Zeit: Die gläserne „Gewürzgurke" genügt als neueres Wahrzeichen der City of London auch den neuesten ökologischen Standards. Durch maximiertes Tageslicht und natürliche Ventilation benötigt der Bau nur halb so viel Energie wie ein klassisches Bürogebäude.

Die Adresse des ursprünglich im Auftrag der Swiss-Re-Rückversicherung errichteten, dann in einem spektakulären Immobilien-Deal für schlappe 600 Millionen britische Pfund weiterverscherbelten Skyscrapers erinnert übrigens daran, dass an dieser Stelle einmal eine Kirche stand, in der eine legendäre Reliquie aufbewahrt wurde: die Axt, mit der die heilige Ursula, eine britische Königstochter, beim Versuch, ihre Jungfräulichkeit vor den angreifenden Hunnen zu bewahren, den Märtyrertod erlitt, ehe eine Schar von 11 000 Engeln die Angreifer in die Flucht geschlagen haben soll.

AUS RUINEN AUFERSTANDEN

Inmitten der Finanzpaläste der City of London behauptet sich die weiße Kuppel der St. Paul's Cathedral: Der heutige Bau ist bereits die fünfte Version einer christlichen Kirche an dieser Stelle und gewiss die prächtigste. Auferstanden ist sie aus Ruinen, aus den Flammen jener Feuersbrunst, der im Jahr 1666 vier Fünftel der Stadt zum Opfer gefallen waren – kurz nach dem Ende einer der

Königliche Leibgarde im Bärenfell

Zitadelle, Stadtgefängnis, Königspalast, Schatzkammer. Oder schlicht: der Tower

Blick auf den Buckingham Palace von der „Schauseite", mit dem Victoria Monument

Wilde Reiter GmbH: Horse Guards Parade

Im Tower soll es mehr spuken als irgendwo anders in England.

schlimmsten Pestepidemien, die London je erleiden hatte erleiden müssen. An dieses Feuer erinnert eine „Monument" genannte, 61,50 Meter hohe Säule, die sich exakt 61,50 Meter entfernt von der Bäckerei in der Pudding Lane befinden soll, wo der Brand damals ausgebrochen ist.

Mit dem Neubau des zerstörten Gotteshauses wurde der Architekt Sir Christopher Wren beauftragt, dem die Katastrophe volle Auftragsbücher bescherte – neben seinem Entwurf für die St. Paul's Cathedral stammen noch die Entwürfe von etwa 50 weiteren Kirchen in der zerstörten Stadt von ihm. Was ihm viel Ruhm und auch die Ehre einbrachte, als Erster einer beachtlichen Reihe britischer Prominenz – Admiral Nelson etwa und der Duke of Wellington sind darunter – in der Kathedrale bestattet zu werden. Bekannter ist sie allerdings als Schauplatz der schnell zum „Märchen" verklärten Hochzeit von Charles und Diana 1982 sowie als Ort des Dankgottesdienstes für ihr sechzigjähriges Amtsjubiläum, das Diamond Jubilee 2012. In der ganzen Stadt wurde es gefeiert, u. a. mit Partys und Picknicks.

Aufmerksamkeit in den internationalen Nachrichten erlangte St Paul's auch vom Herbst 2011 bis Frühjahr 2012 durch das antikapitalistische „Occupy"-Zeltlager vor der Kathedrale.

TOWER OF POWER

In London liebt man es kurz und knapp, also nennt man die im 11. Jahrhundert errichtete Festung „Her Majesty's Royal Palace and Fortress The Tower of London" in der Stadt selbst schlicht „Tower". Bis ins 17. Jahrhundert königliche Residenz, bis ins 20. Jahrhundert Gefängnis, soll es im Tower mehr spuken als irgendwo anders in England. So wandert angeblich der Geist von Anne Boleyn – zweite der acht Gemahlinnen Heinrichs VIII. – noch um den White Tower im Zentrum des Areals, und weil die des Hochverrats bezichtigte Gattin zu Lebzeiten enthauptet wurde, wandelt sie als Geist mit ihrem Kopf unter dem Arm.

Auf jenem Rasen, auf dem einst die Hinrichtungen stattfanden (der letzten im Jahr 1941 fiel ein deutscher Spion zum Opfer), stolzieren heute Raben auf und ab. „Wenn die Raben den Tower fliehen", heißt es, „fällt die Monarchie", und weil man sich auch als Monarch nicht den Unwägbarkeiten einer möglicherweise eigensinnigen Natur ausliefern möchte, werden den Symbolvögeln die Flugfedern gestutzt. Zudem wacht ein „Rabenmaster", Chris Skaife, über das liebe Federvieh und lässt sich vom ältesten Raben gern mit einem gekrächzten „Good Morning!" grüßen.

Arg gefährdet war die britische Krone offenbar im Zweiten Weltkrieg,

Stadtrundfahrt durch das historische Herz der Stadt, vorbei an Westminster Palace und Big Ben. Ganz oben: Genau genommen heißt nur die Glocke im weltberühmten Uhrenturm „Big Ben".

Westminster Abbey ist die Grablege der englischen Könige

als der deutsche Bombenhagel auch noch dem letzten Raben den Garaus zu machen drohte; heute geht es den Raben gut und der Monarchie blendend: In Umfragen erzielt sie regelmäßig zustimmende Werte von mehr als drei Viertel der Bevölkerung. Was nicht heißt, dass alles nur immer beim Alten bleiben müsste: 2007 trat die erste weibliche „Beefeaterin" ihren Dienst an, die Schottin Moira Cameron. An der Zeit war es ja – immerhin werden die Kronjuwelen schon seit dem Jahr 1303 im Tower aufbewahrt. Mit 531 Karat ist der am königlichen Zepter befestigte „First Star of Africa" der größte bearbeitete Diamant der Welt. Ein weiterer berühmter Diamant, „Koh-i-Noor" („Berg des Lichts"), soll angeblich jedem männlichen Besitzer den Tod gebracht haben und befindet sich in der Krone von Queen Mother, der letzten Kaiserin von Indien. Die trug ihn in ihrem 102-jährigen Leben nur einziges Mal: 1937 bei der Krönung ihres Ehemannes George VI.

WESTMINSTER & CO.

Schon bald ließen sich die Reichen und Mächtigen gern westlich der City nieder. Mit guten Gründen: Dort war die Luft besser und genügend Platz. Auch der mittelalterliche Königshof fand hier seinen angestammten Platz – Westminster Palace geht im Kern zurück auf ein im 11. Jahrhundert errichtetes Herrschaftsgebäude. Der heutige Bau entstand allerdings erst um die Mitte des 19. Jahrhunderts, nachdem sein Vorgängerbau einem Brand zum Opfer gefallen war. Im größten Parlamentsbau der Welt mit seinen mehr als 1100 Räumen und insgesamt über vier Kilometer langen Gängen residieren nun die Houses of Parliament, tagt das britische Ober- und Unterhaus. Einziges Mittelalter-Überbleibsel ist Westminster Hall mit einem prächtigen Hammerbalken-Gewölbe aus dem 14. Jahrhundert.

Seit 150 Jahren läutet Big Ben – offiziell der Name der Glocke, nicht des Turms – den Londonern die ganzen,

Sowohl die Millennium Bridge (ganz oben) als auch die U-Bahn-Station Canary Wharf (oben) in den Docklands, Londons ehemaligem Hafengebiet, zeigen Sir Norman Fosters Handschrift. Der Architekt Renzo Piano hingegen zeichnet für den höchsten Wolkenkratzer Großbritanniens, »The Shard« (rechts), verantwortlich.

Aufstrebende Neubauten am Canary Wharf in den Docklands: Einst wurden hier Tomaten und Bananen von den Kanarischen Inseln gelöscht.

halben und Viertelstunden im Wohlklang des Establishments. Gleich um die Ecke liegt in der britischen Krönungs- und Grabkirche Westminster Abbey alles begraben, was Rang und Namen hat: vom Erbauer der Abtei, Eduard dem Bekenner, über eine Vielzahl gekrönter Häupter und Politiker, Wissenschaftler wie Isaac Newton und Charles Darwin bis zu Literaten wie William Shakespeare und Charles Dickens.

CHELSEA UND DIE „SLOANIES"

Mit Kensington und dem etwas weniger bürgerlichen Notting Hill gehört Chelsea, einst das urbane Herz der Swinging Sixties, zu den teuersten Wohngegenden in Stadt und Land. Und doch konnte sich das Viertel noch etwas von seinem dörflichen Charakter bewahren. Gut möglich, dass Sie hier einem pensionierten Soldaten vom Royal Hospital in seiner ordensbehangenen roten Uniform begegnen. Entlang dem Cheyne Walk am Themseufer wohnten so unterschiedliche Gestalten wie Thomas Morus, der tragische Schatzkanzler Heinrichs VIII., Autoren wie George Eliot und Henry James, der Komponist Ralph Vaughan Williams und die beiden rollenden Steine Mick Jagger und Keith Richards.

„Sloane Square" heißt die lokale U-Bahn-Station, „Sloane Rangers" eine gesellschaftliche Gruppe, deren Galionsfigur Princess Diana war. „Sloanies" tragen Pashminas, fahren Bentley und prosten sich mit Moët Chandon zu. Sie frequentieren Boujis – einst Lieblingsclub von Dianas Söhnen William und Harry in South Kensington – und sagen „yah" statt „yes" sowie „rairly" statt „really".

MAYFAIR: TEUER UND „POSH"

In Mayfair sind Sie im Territorium der sogenannten „Ladies Who Lunch", und an Nobel-Restaurants fehlt es hier wahrlich nicht. Wer sich für ein durchschnittliches Haus unter den prächtigen georgianischen und viktorianischen Residenzen, den repräsentativen Ladengeschäften und Botschaften, den Fünf-Sterne-Hotels und exklusiven Nachtclubs interessiert – mit 1,7 Millionen Pfund etwa sind Sie dabei.

NOTTING HILL: JULIA ROBERTS WAR AUCH SCHON DA

Etwas weiter westlich liegt auf der anderen Seite des Hyde Park ein Areal, das sich vom karibischen Einwandererviertel zu einem der begehrtesten der Stadt gewandelt hat. Heutzutage begegnen Ihnen in Notting Hill weniger Rastafaris als vielmehr „trustafarians" – junge, coole Londoner, die ihren ausschweifenden Lebensstil den einstmals cleveren, inzwischen allerdings auch von der Fi-nanzkrise gebeutelten Geldanlagen ihrer Eltern verdanken. Und dass der Name des Stadtteils auch einem Film mit Julia Roberts und Hugh Grant den Titel gab, steigerte seinen Bekanntheitsgrad enorm – zu verlockend war neben der romantischen Liebesgeschichte der Anblick viktorianischer Stadthäuser mit Säulenportico.

SOHO: IM „SÜNDENPFUHL"

Nicht ganz so romantisch geht es in Soho zu. In der Village-Bar tanzen gerade zwei Animier-Profis in Satin-Boxershorts und Muskelshirts auf den Tischen; die Musik dröhnt bis nach draußen, wo die Rikschafahrer heldenhaft versuchen, sich unter ständigem Hupen einen Weg durch die Partymassen zu bahnen. Aus einer weißen Stretch-Limousine steigt eine Girlie-Partygruppe mit Miniröcken und hohen Hacken, was angesichts der Jahreszeit etwas seltsam anmutet: Ist den Mädchen nicht kalt?

Soho, das steht für Dekadenz, für Prostitution, für die blinkenden Neonreklamen der Sexshops, für Pubs wie das Coach & Horses in der Greek Street, in denen sich schon einige Londoner Originale um Leib und Leben getrunken haben. Und doch hat sich das Gewicht inzwischen von der Sex- auf die Party- und Medienindustrie verschoben: mit Buch- und Plattenläden, Medien- und Produk-

Nightclubbing in Soho (im Uhrzeigersinn von rechts): Gay pride in der „Village-Gay-Bar" (Wardour Street), „The Three Greyhounds"-Pub im Tudorstil (Leicester Square), „The Geisha Bar" in Sohos Chinatown – und eine Rikschafahrt durch das sündige Viertel

tionsgesellschaften. Noch immer aber gehören zu Soho auch die Pagodenbögen von Chinatown, in der sich ein Restaurant ans andere reiht und wo die chinesische Community ihre Läden hat für getrocknete Pilze und Lilienblüten, für Gewürze und Chrysanthementee.

DAS WAHRE HERZ DER STADT

Offiziell werden alle Distanzen in London von Charing Cross aus gemessen, denn das wahre Herz Londons ist der angrenzende, an die gleichnamige Seeschlacht erinnernde Trafalgar Square. Der Platz steht im Zentrum Londoner Neujahrsfeiern und politischer Demonstrationen, hier werden die Feste der verschiedenen *communities* des multikulturellen London gefeiert: das hinduistische Lichterfest Diwali, das jüdische Hanuka oder das muslimische Eid-ul-Fitr-Fest zum Ende des Ramadan mit Musik, Straßenbasar und Essensständen.

LONDON IM WANDEL

Der schlechte Ruf Südlondons hat sich lange gehalten. Jahrhundertelang ballten sich Geld und Kultur mit der entsprechenden Infrastruktur am Nordufer, und manche Nordlondoner würden keine zehn Pferde weiter südlich als die Kulturattraktionen am Themseuferstreifen bringen. Heute verstrahlen Erfolgsprojekte wie das Globe Theatre und das London Eye kreative Energie, und London strebt hoch hinaus: In Bankside entstand 2012 neben der London Bridge das höchste Gebäude Großbritanniens. Mit über 300 Meter Höhe läuft Renzo Pianos „Shard", der „Glassplitter", dem bis dato höchsten Gebäude der Britischen Inseln, One Canada Square (mit 244 Meter Höhe) in Canary Wharf, den Rang ab. Ab Februar 2013 hat es auch eine Besucherplattform mit fantastischem Blick über die Stadt!
London wandelt sich – mal wieder.

Vom Charme der Stadt

Zwei Dinge schätzt Greg Stekelman an seiner Heimatstadt ganz besonders: Londons Internationalität und den dörflichen Charakter der Millionenmetropole. Beides zusammen ergibt für ihn einen unvergleichlichen Charme. In diesem Interview verrät er, wo man der Seele Londons am nächsten kommt.

Greg Stekelmans Kolumne im Stadtmagazin „Time Out" – „Overheard on the Tube" mit wunderbar surreal aus dem Kontext gerissenen Gesprächs- und Dialogfetzen der Londoner U-Bahn-Passagiere – sowie sein halb-autobiografisches Buch „A Year in the Life of the Man Who Fell Asleep" über einen Londoner Tagträumer und seine Welt verschufen ihm einen gewissen Kultstatus. Der gebürtige Nordlondoner verfolgt sehr wachen Auges die kleinen Geschehnisse und wundersamen Dinge, an denen London so reich ist – und lädt uns dazu ein, sich auch mal auf die Vorstädte einzulassen.

„Um das authentische London zu finden, nehmen Sie die U-Bahn und die Busse – und beschränken Sie sich nicht aufs Zentrum."

Kathleen Becker: Wo findet man das „echte London"?

Für mich ist alles in London echt; es hängt ein bisschen davon ab, wer man ist: Für Paris Hilton sind es die Clubs in West End, für einen nigerianischen Einwanderer, der hier Minicab fährt, ist es vielleicht Wood Green, und für mich ist es die Nordlondoner Suburbia. Um das authentische London zu finden, kaufen Sie sich eine OysterCard, nehmen Sie die U-Bahn und die Busse – und beschränken Sie sich nicht aufs Zentrum; entdecken Sie die kleinen interessanten Kirchen, Galerien und Restaurants der Vorstädte. Große Teile Londons sind trist und grau, große Teile fühlen sich gar nicht wie eine Stadt an, aber plötzlich biegst du um die Ecke und findest etwas komplett Unerwartetes. Vielleicht taucht zum Beispiel auf einmal vor dir ein Blick auf die ganze Stadt auf, und du denkst: Wow. London!

Was mögen Sie an der Stadt besonders?

Die Internationalität ist natürlich attraktiv. Geh zur Edgware Road zum Beispiel, und jedes Restaurant ist libanesisch oder syrisch oder marokkanisch, und jedes Café hat eine Hookah-Pfeife draußen stehen. Geh nach Golders Green, und alle fahren einen Volvo und tragen einen schwarzen Hut; alles ist sehr jüdisch. Geh nach Kilburn, und alle sind Iren, geh nach Brixton, und du findest die karibische Community. In Teilen von Wood Green ist alles nigerianisch, in Green Lanes sind alle Türken oder Zyprioten. Ich kann in einen Bus springen, und in 25 Minuten bin ich mitten in Istanbul; in den Res

taurants sind alle Speisekarten auf Türkisch. Es ist schon unglaublich: Du kannst eine Weltreise machen für den Preis einer TravelCard. Und das Gefüge ändert sich mit jeder Generation. Zum Beispiel Harlesden: Vor vierzig Jahren war es komplett irisch, vor zwanzig Jahren komplett schwarz, und heute ist es sehr osteuropäisch, mit Kosovaren, Albaniern, Georgiern und so weiter. Du kannst verfolgen, wie die Einwandererschübe den Charakter einer Gegend sehr schnell verändern können. Das kann auch entfremdend wirken. Für Leute, die hier zwei Jahre verbringen, ist das fantastisch, dieser Lifestyle – heute ins polnische Restaurant, morgen ins äthiopische. Aber Londoner, die seit vierzig Jahren hier leben und plötzlich feststellen müssen, dass ihr Stammladen nun ein polnisches Geschäft ist und niemand mehr Englisch spricht ... Das führt zu einer Menge Ressentiments und Spannungen. Da ein Gleichgewicht hinzubekommen ist wirklich schwierig.

Zum Abschluss noch eine letzte Frage: Wo – und wie – kommt man der Londoner Seele am nächsten?

Einfach in die U-Bahn setzen und mal zuhören, was die Leute so sagen. Da geht es oft um die entscheidenden Dinge des Lebens. Also zum Beispiel um die Frage: „Wen willst du lieber retten, die Wale oder die Banken?" Oder um den ganz banalen Alltag. Etwa: „In dem Restaurant können wir nicht essen, da gibt es keinen Handyempfang."

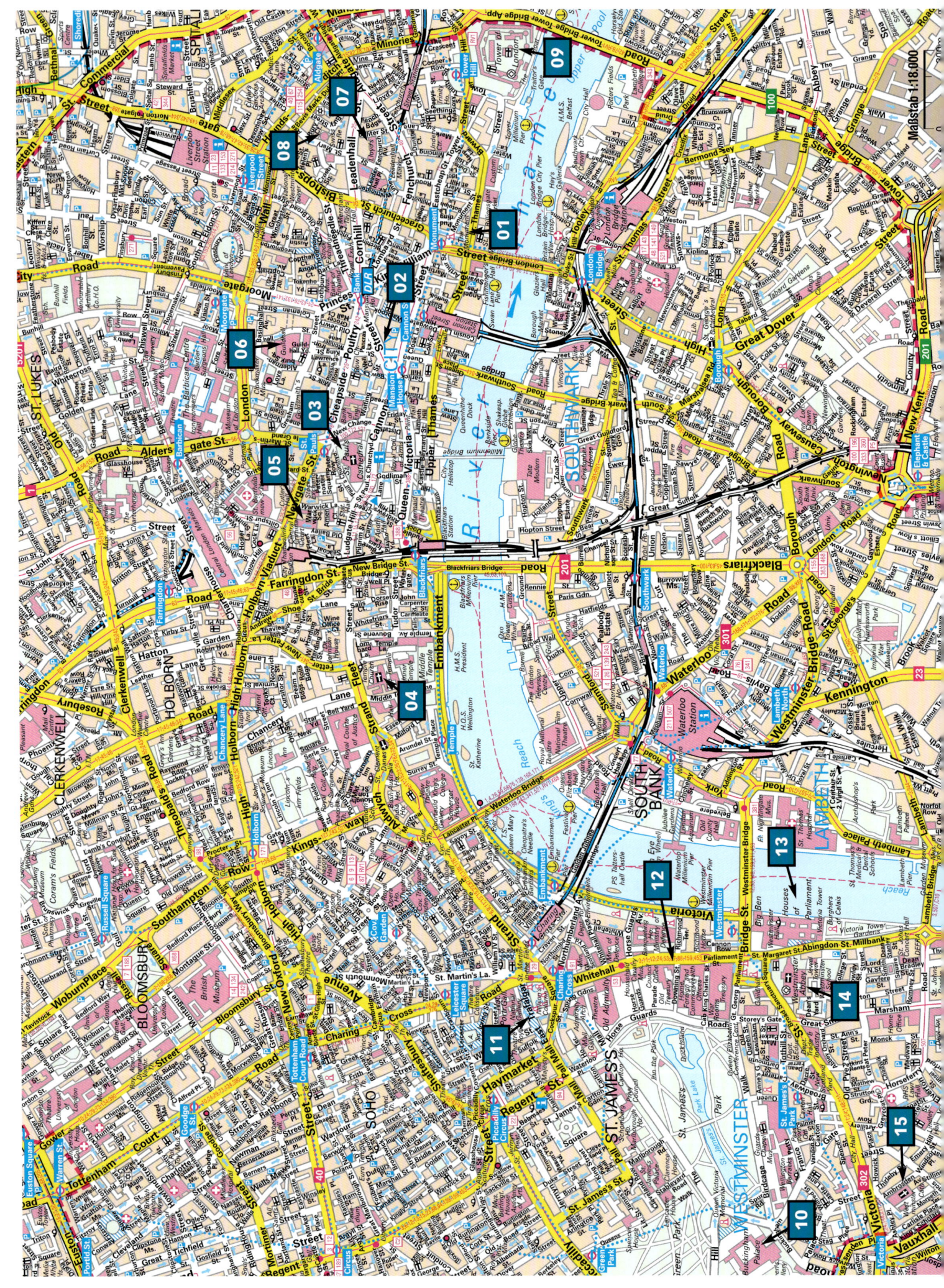

London für Newcomer: die Highlights

London ist eine Stadt, die man gut für sich selbst entdecken kann, ob zu Fuß im historischen Kern oder per Bus und U-Bahn. Beim ersten Besuch wird jeder zuerst einmal ein „Pflichtprogramm" touristischer Highlights abspulen, die man einfach gesehen haben „muss". Sobald das „erledigt" ist, kann man „die Kür" ganz entspannt angehen lassen. Was aber nicht heißt, dass die Erkundung einzelner Stadtteile weniger spannend wäre.

01 – 09 CITY OF LONDON

Seit dem Mittelalter hat sich die Fläche der City of London – eine Quadratmeile – nicht verändert. Geschichte wird großgeschrieben in diesem historischen und wirtschaftlichen Herz der Stadt, das sogar eine eigene politische Verfassung hat: Die „Corporation of London" stützt sich auf Rechte – königliche Privilegien, genaugenommen –, die seit dem Mittelalter verbrieft und bis heute gültig sind. Heute regiert hier tagsüber die globale Geschäftswelt – nach New York ist London der zweitgrößte Finanzhandelsplatz der Welt. Nachts jedoch, wenn die rund 300 000 hier arbeitenden Menschen ihre gen Himmel strebenden Glaspaläste verlassen haben, wirkt „die City" vielerorts wie ausgestorben.

Sehenswert

Einen guten Überblick über die City of London (www.cityoflondon.gov.uk) verschaffen Sie

Tipp

Eine Reise durch die Zeit

Ein exzentrisches Zeitreise-Erlebnis, geschaffen vom US-amerikanischen Künstler Dennis Severs, der von 1979 bis zu seinem Tod 1999 hier lebte, wartet im East End östlich der Finanzmeile auf Besucher: In einem georgianischen Reihenhaus – Wohnsitz einer hugenottischen Seidenweberfamilie im frühen 18. Jh. – wirken die zehn alle in einem anderen Stil gestalteten Räume so, als ob die Bewohner sie eben erst verlassen hätten.

Dennis Severs House, 18 Folgate Street, www.dennissevershouse.co.uk, U-Bahn: Liverpool Street, jeden So. 12.00–16.00 sowie an jedem 1. und 3. Mo. des Monats 12.00–14.00 Uhr; besonders stimmungsvoll ist die „Silent Night" bei Kerzenschein jeden Montagabend (die Zeiten variieren je nach Tageshelligkeit)

Blick vom Tower 42 (oder Natwest Tower) über das pulsierende Herz der Stadt hinweg

sich vom – zur Erinnerung an das Große Feuer von 1666 errichteten – 01 **Monument** (18 Fish Street Hill, U-Bahn: Monument, tgl. 9.30–18.00 Uhr, www.themonument.info); es gibt sogar ein Zertifikat, wenn Sie die 311 Stufen erklommen haben. Der 02 **London Stone** (111 Cannon Street, U-Bahn: Cannon Street), wo sich der Rebell Jack Cade im Jahr 1450 zum „Lord of the City" ausrief, wurde unscheinbar in die Wand eines Sportgeschäftes eingelassen. Hier befinden wir uns aber nicht nur im historischen Kern, sondern auch im Finanz- und Verwaltungszentrum der Stadt: Vom U-Bahnhof Bank aus führen acht Straßen sternförmig mitten hinein in die City. Etwa zur im Jahr 1734 errichteten **Bank of England** in der Threadneedle Street, zur klassizistischen ehemaligen Börse, **Royal Exchange**, aus dem Jahr 1844 und zum – von korinthischen Säulen geschmückten, 1753 errichteten – **Mansion House** am gleichnamigen Platz, Sitz des Lord Mayor (Oberbürgermeister) von London.

Die zweitgrößte Kuppel der Welt – nach dem Petersdom in Rom – überragt die 03 **St. Paul's Cathedral** ▶ TOPZIEL (14 Ludgate Hill, U-Bahn: St. Paul's, Mansion House, Mo.–Sa. 8.30–16.00, Galleries 9.30–16.15 Uhr, www.stpauls.co.uk). Von der Golden Gallery auf der Kuppel hat man einen herrlichen Panoramablick über die Stadt, und die Whispering Gallery auf dem Weg nach oben birgt eine akustische Besonderheit: Wenn Sie etwas in die Wand flüstern (es funktioniert nur leise), kann Sie Ihr Begleiter auf der gegenüberliegenden Seite verstehen. Die Ausstattung der „Pfarrkirche des britischen Commonwealth", zugleich Kirche der Diözese London, ist überwältigend: vom Kuppelinneren über

den reichen Figurenschmuck zur Wand- und Deckenornamentik des imposanten Kirchenschiffs. Neu ist der „Oculus"-Film, eine „270-Grad"-Reise durch die Geschichte der Kathedrale, der auch fußmüden Besuchern den virtuellen Besuch der oberen Ebenen erlaubt.

Zwischen den ehrwürdigen Hallen und makellos gepflegten Rasenflächen der Inns of Court zieht die mittelalterliche Kreuzritterkirche 04 **Temple Church** (zwischen Fleet Street und der Themse, www.templechurch.com) aus dem späten 12. Jh. nicht nur „Da Vinci Code"-Touristen an. Ein Tipp, weil atmosphärisch und gratis, sind die Mi. 13.15 Uhr stattfindenden Organ-Recitals.

Alle großen Strafprozesse Englands finden im „Central Criminal Court" statt, besser bekannt als 05 **Old Bailey** (Newgate Street/Old Bailey, U-Bahn: St. Paul's; für die Historie: www.oldbaileyonline.org) sowie aus dem Filmklassiker „Zeugin der Anklage" mit Marlene Dietrich und Charles Laughton. Bis zum Jahr 1902 befand sich hier das Newgate-Gefängnis – berüchtigt dafür, dass die zum Tode Verurteilten gelegentlich auch öffentlich hingerichtet wurden. Wer einer Gerichtsverhandlung beiwohnen möchte, der muss Kamera, Handy und Taschen entweder zu Hause lassen oder sie gegen ein Trinkgeld in einem vertrauenswürdigen Café oder Pub hinterlegen.

Zu den ältesten Bauten Londons gehört die 06 **Guildhall** (Gresham Street, U-Bahn: St. Paul's, Bank, www.guildhall.cityoflondon.gov.uk), das aus dem Jahr 1411 stammende Rathaus der City of London. Seit dem Mittelalter wurde die Stadt von hier aus regiert, heute dient das Gebäude der Stadtverwaltung als repräsentatives Zentrum. In der benachbarten Guildhall Art

Infos

finden sich atmosphärisch präsentiert die Überreste eines römischen Amphitheaters und eine exzellente Kunstsammlung.

Richard Rogers' futuristisches **07 Lloyd's Building** (1 Lime Street, www.lloyds.com), das im Jahr 1986 mit seinen nach außen gewendeten funktionalen Elementen (Rohre, Leitungen, Fahrstühle) Architekturgeschichte schrieb, ist mit Ausnahme eines jährlichen „Open-House"-Tages leider nicht öffentlich zugänglich. Die Website bietet einen Gratis-Audioguide und eine virtuelle Tour. Ikonenstatus für die Silhouette der Stadt hat auch Norman Fosters 180 Meter hoher, im Jahr 2004 fertiggestellter Wolkenkratzer **08 30 St. Mary Axe**. Um den **09 Tower of London ▶TOPZIEL** (Tower Hill, U-Bahn: Tower Hill, Tower Gateway, Mi.–Sa. 9.00–16.30, im Sommer bis 17.30, Mo., Di. 10.00–16.30, im Sommer bis 17.30 Uhr, www.hrp.org.uk/toweroflondon) zu besichtigen, kommen Sie am besten recht früh. Dann entgehen Sie dem Massenandrang und können die magische Atmosphäre auf sich wirken las-

Tipp

Auf Foto-Safari in London

Entdecken Sie London und vertiefen Sie Ihre Fotokenntnisse – mit einer **Photo Walks of London-Tour** an der Hand eines einheimischen Fotografen, der Ihnen die besten Blickwinkel für Londons Wahrzeichen zeigt und Tipps zum Fotografieren gibt. Darüber hinaus erfährt man einiges zum historischen Hintergrund und bekommt Insider-Tipps zu den Themen „Essen und Trinken" sowie „London Erleben". Unser Fotograf Martin Sasse hat die „historical tour" mit dem Londoner Kollegen Ian P. Hardy gebucht und zeigte sich begeistert, dass man „zielgenau und mit perfektem Timing an die besten Plätze geführt wird, ohne von Polizeisperren oder dem Touristen-Rummel behindert zu werden".

www.londonphotowalk.co.uk

sen. Der White Tower ist der zentrale Turm der Anlage; hier wird die Geschichte des Towers ansprechend aufbereitet, ebenso wie im Kronjuwelensaal, wo Filmmaterial die Kronen, Zepter und Diademe in Aktion zeigt. Das Förderband, das Besucher an den Kronjuwelen vorbeitransportiert, läuft ein bisschen schnell, Interessierte springen einfach noch einmal drauf. Noch ein Tipp für die Sightseeing-Pause: Im Sommer kann man neben dem Kiosk einer guten französischen Snack-Kette direkt am Fluss sitzen mit Blick auf die **Tower Bridge** (Informationen dazu im Kapitel „Die Themse entlang").

10 – 15 CITY OF WESTMINSTER

Zwischen dem Buckingham Palace, Trafalgar Square und Big Ben liegt Londons „Großer Salon", in dem sich die Briten der Weltöffentlichkeit präsentieren. In erster Linie verbindet man Westminster mit Londons Regierungsviertel. Alle bedeutenden Ministerien sind in Whitehall angesiedelt, das gilt auch für Downing Street No. 10, den Amtswohnsitz des Premierministers. Tatsächlich reicht die City of Westminster aber von der Themse im Süden bis nach Hampstead im Norden, von der City of London im Osten bis nach Kensington im Westen.

Sehenswert

Seit Queen Victorias Krönung im Jahr 1837 ist der **10 Buckingham Palace ▶TOPZIEL** die offizielle Stadtresidenz des britischen Monarchen (The Mall, U-Bahn: St. James's Park, Victoria, Green Park, www.royalcollection.org.uk,

Mostly crowded – aber in jedem Fall ein „Muss" für Fans der Royals: der Buckingham Palace

Besichtigung Aug./Sept. tgl. 9.30–16.30 Uhr). Hinter der mächtigen neoklassizistischen Ostfassade verbirgt sich ein ursprünglich für den Duke of Buckingham gebautes Stadthaus von 1703. Heute werden in Buckingham Palace Staatsoberhäupter und Diplomaten empfangen, auch mal VIPs wie David Beckham, Kylie Minogue oder Eric Clapton, um ihre Auszeichnungen für den Dienst am Staat in Empfang zu nehmen. Ob die Queen da ist, sehen Sie daran, dass der Union Jack geflaggt wird. **Zu besichtigen** gibt es die königliche Kunstsammlung mit Rembrandt und Rubens, exquisites englisches und französisches Mobiliar, edelstes Porzellan. In den Royal Mews lassen sich ganzjährig vergoldete Repräsentations-Kutschen und andere königliche Transportmittel bewundern, in der Queen's Gallery lohnenswerte Wechselausstellungen aus der Royal Collection. Für die **Changing of the Guard**-Wachablösung sicherheitshalber vorab die Website www.changing-the-guard.com konsultieren: Im Sommer findet sie in der Regel tgl. um 11.30 Uhr statt, im Winter an jedem zweiten Tag um die gleiche Zeit.

Vom Buckingham Palace schlendert man die „Mall" entlang zum **11 Trafalgar Square** (U-Bahn: Charing Cross, www.london.gov.uk/trafalgarsquare) mit der 56 Meter hohen, an den legendären Seehelden Admiral Horatio Nelson erinnernden **Nelson Column**. Um die Weihnachtszeit „konkurriert" diese Säule traditionell mit einem riesigen, hier aufgestellten Weihnachtsbaum aus Norwegen – ein Dank für die Befreiung des Landes von den deutschen Besatzern des Zweiten Weltkriegs. Von der verkehrsberuhigten Nordterrasse des Plat-

zes hat man vor der National Gallery einen schönen Blick auf Big Ben und Parlament.

In **12** **Whitehall** (U-Bahn: Westminster, Embankment, Charing Cross) konzentriert sich die politische Macht im Land. Die abzweigende Sackgasse **Downing Street** ist Wohnsitz des Premierministers (Nr. 10, www.number10.gov.uk) und nebenan (Nr. 11) des Schatzkanzlers. Inigo Jones' klassizistisches **Banqueting House** (U-Bahn: Charing Cross, Mo.–Sa. 10.00–17.00 Uhr, www.hrp.org.uk/banquetinghouse), vor dessen Balkon 1649 der letzte Stuartkönig Charles I. geköpft wurde, lohnt den Besuch wegen Rubens' Deckengemälde. Vor Horse Guards findet die Wachablösung der Queen's Life Guard statt (Mo.–Sa. 11.00, So. 10.00 Uhr).

In den **13** **Houses of Parliament** ▶ **TOPZIEL** (Parliament Square, U-Bahn: Westminster, www.parliament.uk/visiting; Auskunft: House of Commons – Unterhaus: Tel. 72 19 42 72, House of Lords– Oberhaus: Tel. 72 19 31 07) können Besucher Debatten beider Häuser mitverfolgen und den 106 Meter hohen Glockenturm mit **Big Ben** bestaunen. Über die wechselnden Sitzungszeiten des Parlaments informiert man sich am besten aktuell über die o.g. Website im Internet; für die beliebteste und hitzigste Sitzung, „Question Time", gibt es nur Einlass, wenn alle Tickets an einheimische Besucher vergeben worden sind. Für die ganzjährigen Samstagstouren und für die Sommeröffnung August und September kaufen Sie Ihr Ticket für die Touren (auch Touren auf Deutsch um 10.00, 11.45, 14.00 und 15.45 Uhr) neben dem Jewel Tower gegenüber; morgens ist weniger los als nachmittags, Vorausbuchung wird empfohlen unter Tel. 0844 8 47 16 72, www.ticketmaster.co.uk.

Offizieller Name der direkt der englischen Krone unterstellten **14** **Westminster Abbey** ▶ **TOPZIEL** (20 Dean's Yard, U-Bahn: St. James's Park, Westminster, www.westminster-abbey.org, tgl. 11.00–15.30 Uhr) ist „The Collegiate Church of St. Peter in Westminster", auf Twitter heißt sie „Wabbey". Highlights: das spektakuläre Fächergewölbe der Chapel of Henry VII, Poets' Corner und Krönungsthron. Spartipp: Bei einem Evensong-Abendgottesdienst umgehen Sie den hohen Eintrittspreis.

Alles rennt in die Abbey, aber die vor rund hundert Jahren im frühbyzantinischen Stil erbaute Zentralkirche der britischen Katholiken, **15** **Westminster Cathedral** (Ashley Place, U-Bahn: Victoria, www.westminstercathedral.org.uk, Eintritt frei!), ist ein echter Geheimtipp: ein mächtiger rot-weiß geringelter Backsteinbau außen, spektakuläre vielfarbige Marmorarbeiten und Mosaiken innen – ein work in progress. Hinzu kommen das breiteste Mittelschiff in England, tolle Blicke vom Campanile und So. oft Gratis-Orgelkonzerte (16.45 Uhr).

Ride your bike tonight

Die Londoner haben das Radfahren entdeckt. Immer mehr Radwege werden angelegt. Londoner wie Touristen können seit Neuestem ein Netzwerk an Leihrädern in Anspruch nehmen. So trifft man sich bei der „Night Bike Tour" oder unter der Waterloo Bridge, um bei einer „Critical Mass"-Fahrt durch die Stadt politische Präsenz zu zeigen.

Big Ben und die Houses of Parlament, Tower Bridge, City Hall, Millennium Bridge, HMS Belfast-Museumsschiff, Southwark mit Shakespeares Globe-Theater – und eine gruselige, gaslampen-beleuchtete viktorianische Straße, die einem Charles-Dickens-Roman entsprungen sein könnte: Bei Nacht haben die Londoner Sehenswürdigkeiten eine ganz besondere Magie; die Tagestouristen sind nach Hause gegangen, der berüchtigte Berufsverkehr hat sich gelegt. Die „Night Bike Tour" startet bei Einbruch der Dämmerung, führt unter der Leitung eines erfahrenen Guides mit

Helme und Westen werden gestellt

maximal zehn Teilnehmern auf flachem Gelände und soweit wie möglich abseits der Hauptverkehrsstraßen durch 2000 Jahre Stadtgeschichte – und endet mit einem wohlverdienten Abschlussgetränk im Flussufer-Pub.

EIN PROSIT AUF DIE „PEDAL POWER"!
Vorausschauende Pedaltouristen bestellen die optionalen „Fish & Chips" dazu schon vorab. Ein Prosit auf die „Pedal Power"! Und eine nette Bootsfahrt über die Themse ist auch noch dabei, ein wadenschonender Kontrapunkt.

Mindestalter 14 Jahre: Und los geht's!

AUF EINEN BLICK

Ausgangspunkt: vor dem Ausgang („exit") der Bermondsey U-Bahn-Station (Jubilee Line) **Termine/Dauer:** Mo., Mi. und Fr. 19.00 Uhr, ca. 3 ½ Std. **Kosten:** £ 24 für Erwachsene, inkl. Getränk. „Fish & Chips" £ 7,50

Leihräder: erste 30 Min. gratis **Ausrüstung:** radtaugliche Schuhe, evtl. Regenkleidung, Wasserflasche. Helm, Neonwesten, Rucksack und Lichter werden gestellt.
www.criticalmasslondon.org.uk
www.spokenmotion.co.uk
www.tfl.gov.uk

Das Erbe des Empire

Es soll ja Menschen geben, die nur wegen der Museen nach London fahren. Kein Wunder: Londons einzigartige Museumslandschaft ist ein Erbe des weltumspannenden Empires, viktorianischer Sammelleidenschaft und der britischen Liebe zum Detail. Das alles, gepaart mit einem Schuss Obsession und reichlich Exzentrik, kann einen schon dazu bringen, sich in Londons Museen zu verlieren: einen ganzen Tag lang, mindestens, oder doch zwei oder drei ...

Kunst und Archäologie präsentiert das British Museum – und einen von Sir Norman Foster mit einem Glasdach überkuppelten Great Court

Dinosaurierskelett im Natural History Museum

Ägyptische Sammlung im British Museum

Skulpturensammlung im Victoria and Albert Museum

Dass einem die Queen dort über den Weg läuft, ist nicht sehr wahrscheinlich. Allerdings ist die First Lady, wenn es um Museen geht, ohnehin eine andere ...

Mehr als 240 Museen gibt es in London. Viele klingende Namen sind darunter – die National Gallery gilt als eine der besten Gemäldesammlungen ihrer Art, die Tate Modern setzt Maßstäbe in der Präsentation moderner Kunst, das Natural History Museum gehört zu den bedeutendsten naturgeschichtlichen Museen der Welt – und eines ist sogar königliches Wohnzimmer und „Museum" zugleich: Dass die Staatsgemächer des Buckingham Palace Anfang der 1990er-Jahre für das Publikum geöffnet wurden, hielten viele für einen Traditionsbruch. Allerdings gehören weder der Palast noch seine Kunstsammlungen zum Privateigentum der Königin, sondern dem britischen Staat, was die Öffnung nur konsequent erscheinen lässt. Dass einem die Queen dort über den Weg läuft, ist nicht sehr wahrscheinlich; allerdings ist die First Lady, wenn es um Museen geht, ohnehin eine andere ...

FIRST LADY: BRITISH MUSEUM

Wenn das British Museum mit seinen rund sechs Millionen Besuchern pro Jahr die beliebteste Kulturattraktion des Landes ist, sind die „Elgin Marbles", die klassischen griechischen Marmorskulpturen aus dem fünften vorchristlichen Jahrhundert, vielleicht der berühmteste Besuchermagnet. Hier der ausdrucksvolle Kopf eines Pferdes vom Wagen der Mondgöttin Selene, mit zurückgelegten Ohren, offenem Maul und geblähten Nüstern, dort Metope-Tafeln mit dramatischen Zentauren-Schlachtszenen und die Darstellung der Geburt Athenes aus dem Kopf ihres Vaters Zeus. Das British Museum besitzt etwa die Hälfte des Parthenon-Frieses von der Akropolis in Athen. Wie es dazu kam? Nun: Bewaffnet mit einer zweifelhaften Genehmigung bediente sich Anfang des 19. Jahrhunderts Graf Elgin – britischer Botschafter des Ottomanischen Reichs, zu dem damals Griechenland gehörte – freizügig bei den Marmorskulpturen und verschiffte sie nach England, was nicht nur der Dichter Lord Byron als Vandalismus bezeichnete. Finanzielle Engpässe zwangen den Grafen dazu, den kunsthistorisch einmaligen Schatz an die britische Regierung zu verkaufen – seit dem Jahr 1817 wird er in der griechischen Antikensammlung des British Museum ausgestellt, doch die Museumsautoritäten wie die

Amy Winehouse bei Madame Tussauds: die Erinnerung bleibt

Queen Elizabeth I. in der National Portrait Gallery, in der auch ...

... Georg Friedrich Händel (im Bild links) überlebensgroß zu sehen ist.

Auch von außen imposant: die National Gallery am Trafalgar Square

britische Diplomatie verteidigten den Verbleib in London traditionell mit besseren museumstechnischen Bedingungen und dem freien Zugang für Millionen Menschen aller Nationalitäten.

Allerdings greifen diese Argumente nicht mehr so gut angesichts des im Jahr 2009 eröffneten Akropolis-Museums: Dort hat man in der speziell eingerichteten Galerie die Gipskopien neben der im Land verbliebenen Hälfte des Parthenon-Frieses demonstrativ zahnpasta-weiß belassen – ein stiller Vorwurf.

DREI MILLIONEN BESUCHER …

… jährlich können nicht irren, dabei sind die langen Schlangen vor Madame Tussauds' Wachsfigurenkabinett nicht einfach zu erklären: So lebensecht wirken die Figuren gar nicht, und ziemlich teuer ist der Besuch obendrein. Die meisten wollen es wohl einfach mal gesehen haben und freuen sich nachher über das obligatorische Handyfoto mit Madonna & Co.: Das ist dann bestimmt „voll super"! Weniger bekannt ist der Hintergrund von Marie Großholtz, einer gebürtigen Straßburgerin und verheirateten Tussaud (1761–1850), die ihr Handwerk bei einem deutschen Arzt, Dr. Philippe Curtius, lernte und ihre erste Wachsfigur – Voltaire – mit 17 Jahren anfertigte. Jahre später verließ sie Frankreich und ging nach London, wo sie

1835 ihr Museum in der Baker Street eröffnete; ihr Enkel zog 1884 um die Ecke in die Marylebone Road. Seitdem hat es das Management hervorragend verstanden, den Publikumsgeschmack zu bedienen. Ob Royal, Popstar oder Politiker: Sein oder Nichtsein ist auch eine Frage des Dabeiseins – bei Madame Tussauds in diesem Fall. Weshalb es gar kein gutes Zeichen für den damaligen britischen Premier Gordon Brown war, als sich im Jahr 2008 fast 85 Prozent der zu diesem Thema Befragten gegen die Aufstellung seines wächsernen Abbilds aussprachen. Bei Barack und Michelle Obama gab es solche Probleme nicht, auch nicht beim derzeitigen Prime Minister David Cameron, als Vorsitzender der konservativ-liberalen Koalition seit 2010 am Ruder.

NEUE KUNST IN NEUEN RÄUMEN

Wenn das British Museum die First Lady unter den Londoner Museen ist, dann war die in einem umgebauten Kraftwerk eingerichtete Galerie für internationale zeitgenössische Kunst, die Tate Modern, der Rising Star am Londoner Museumshimmel.

Bemerkenswert: Auch Graffiti, Stencilling und Co. erhielten hier die höchsten Weihen (also: eine Ausstellung). Denn der neueste Kunsttrend Londons findet in neuen Räumen statt: als „Street Art" (draußen) und als „Urban Art" (drinnen).

Special   TURNER PRIZE

Kontrovers und hoch gepriesen

Wer London zwischen Oktober und Mitte Januar besucht, hat die Gelegenheit, die Turner-Prize-Ausstellung in der Tate Britain zu sehen und sich an der Diskussion um den wichtigsten Kunstpreis des Landes zu beteiligen.
Der Preis, nach dem britischen Maler J. M. W. Turner (1775–1851) benannt, wird an Künstler verliehen, die noch keine 50 sind und in Großbritannien geboren wurden bzw. dort leben und arbeiten. Zu den Preisträgern gehören der in London arbeitende deutsche Fotograf Wolfgang Tillmans wie auch Martin Creed, dessen kontroversester Beitrag für die Tate Gallery ein Lichtschalter war – ein gefundenes Fressen für die Kunsttraditionalisten, die jedes Jahr aufmarschieren, um gegen angebliche Irrwege der Kunst zu protestieren. 2011 ging er an den Schotten Martin Boyce.

Spieglein, Spieglein an der Wand: Wer ist der modernste Künstler im ganzen Land? Zweifellos der, der in der Tate Modern die Ehre einer Ausstellung hat. Schwarz aber ist seit jeher die Farbe der Kunst – bei Künstlern und Publikum.

Keith Haring war gestern: Banksy und weitere 29 Graffitikünstler verzierten den hier zu sehenden Tunnel der Waterloo Station in der Leake Street – angewandte Kunst im öffentlichen Raum.

Im Fokus der Kunst: Street Art (hier an der Außenmauer der Tate Modern)

Der neueste Kunsttrend Londons findet in neuen Räumen statt: als „Street Art" (draußen) und als „Urban Art" (drinnen).

IROKESEN-LENIN UND MONA LISA
Vor rund zehn Jahren verwandelte der britische Street-Art-Künstler Banksy – auf offizielle Einladung – die kahlen Wände der Tiefgarage des Schweizer Botschaftsgebäudes: Graffiti von Lenin mit Irokesenfrisur oder einer bewaffneten Mona Lisa zum Beispiel. Später trat er dann dadurch hervor, dass er in der Schwestergalerie der Tate Modern, der Tate Britain, nicht etwa ein Bild stahl, sondern vielmehr eines an die Wand hängte – der Coup fiel erst auf, als das Bild herunterfiel. Seitdem hat der stets auf Anonymität bedachte Banksy, 2010 mit dem Film „Exit Through the Gift Shop" in den Kinos, Hunderte seiner unverwechselbaren, ironischen und kontroversen „Stencils" (Schablonen-Graffitis) angebracht. Ein ehemaliger Mitarbeiter, mit deutschem Künstlernamen „Ben Eine" und Studio in Middlesex Street, wird als der neue Banksy gehandelt – Werke von ihm hängen sowohl bei Barack Obama als auch David Cameron im trauten Heim. Street-Art-Künstler Adam Neate verschenkt seine Kunst oft, mit dem philantropischen Argument, dass „die Leute die Möglichkeit erhalten sollen, sich an ihr zu erfreuen".

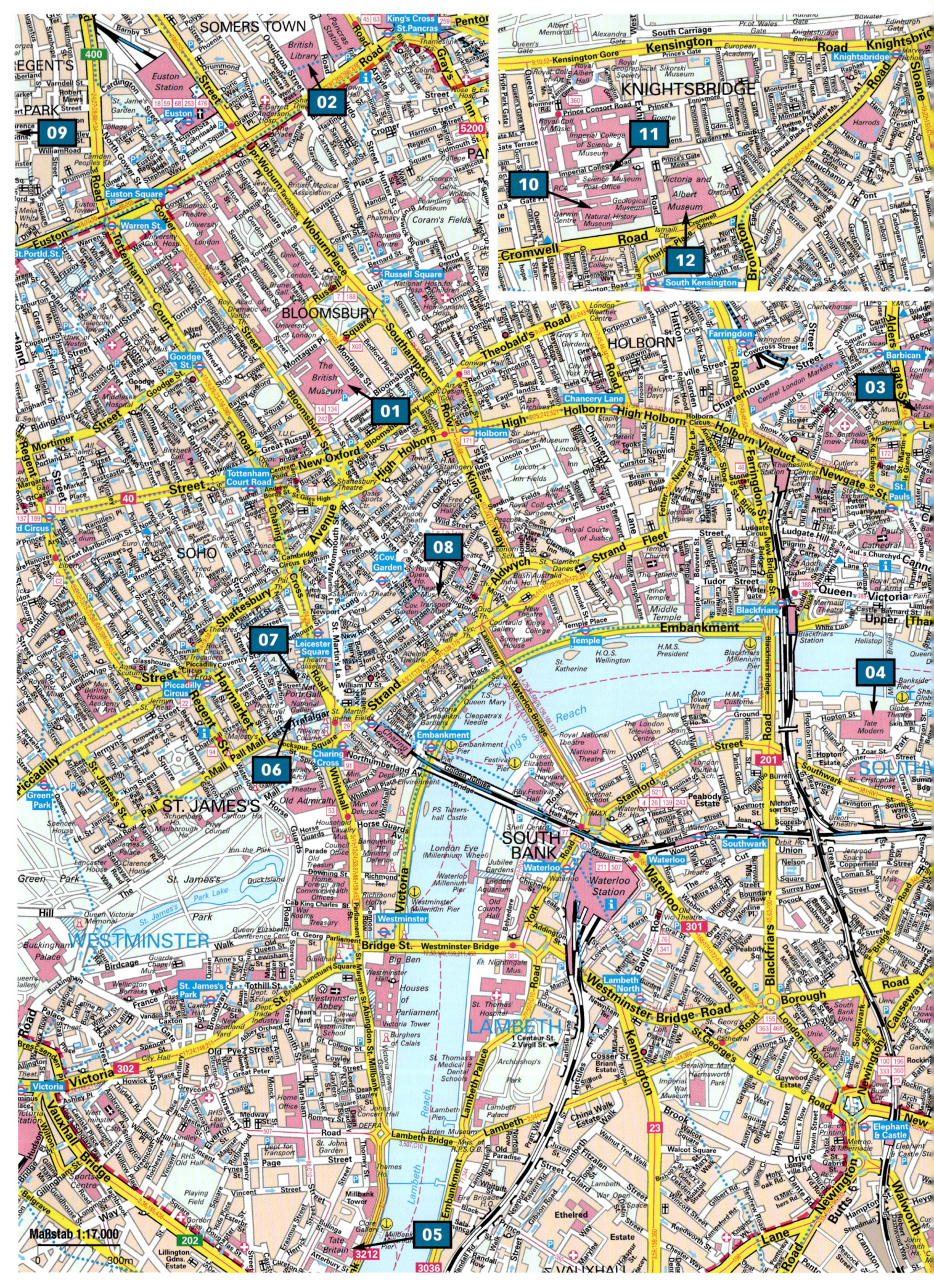

Zwischen Händel und Hendrix: London museal

Die meisten der mehr als 240 Museen der Stadt sind kinderfreundlich und museumspädagogisch auf interaktives Erleben ausgerichtet. Die großen staatlichen Museen verlangen keinen Eintritt. Was die Reisekasse belastet, sind Sonderausstellungen und Gastronomie. Also: flache Schuhe anziehen, kleine Wasserflasche und Energieriegel mitnehmen – und den Museumsbesuch gleich mit Souvenirshopping verbinden.

`01` – `12` MUSEUMS-HIGHLIGHTS

Beginnen wollen wir unseren Museumsrundgang in Bloomsbury: Das klassische intellektuelle Zentrum der Stadt wird für immer verbunden bleiben mit dem literarischen, künstlerischen und intellektuellen Zirkel um Virginia Woolf, dem Ökonom John Maynard Keynes und dem Essayisten und Maler Lytton Strachey. Die einflussreichen Werke der „Bloomsbury Group" prägten die Literatur, Politik und Philosophie der Moderne. Auch heute noch bestimmen Buch-

Victoria & Albert Museum: Im ersten Museumsrestaurant der Welt lässt es sich gut verweilen

läden, Verlage und Universitäten die Szene, vor allem aber finden wir hier mit dem British Museum eine der Hauptattraktionen der Stadt. Da sich angesichts der Fülle an sehenswerten Museen unsere Auswahl auf einige wichtige Highlights beschränken muss, informieren Sie sich vor einer Reise am besten aktuell im Internet unter www.culture24.org.uk/home und machen dann Ihre ganz eigenen Entdeckungen.

Sehenswert

Im Jahr 1753 gegründet, gilt das `01` **British Museum ▶TOPZIEL** (Great Russell Street, U-Bahn: Holburn, Tottenham Court Road, Russell Square, www.britishmuseum.org, Sa.–Mi. 10.00 bis 17.30, Fr. bis 20.30 Uhr) als ein Museum der Superlative: Es ist nicht nur das älteste öffentliche Museum der Welt, sondern mit etwa 13 Mio. Objekten zugleich das größte seiner Art. Der im Jahr 2000 von Sir Norman Foster entworfene Great Court, der zentrale Hof des Museumsbaus, ist heute der größte überdachte Platz in Europa. Grundlage der enzyklopädischen Sammlung zur Kulturgeschichte der Menschheit war die später durch Ankäufe und Schenkungen erweiterte private Sammlung von Sir Hans Sloane, einem Arzt und Naturwissenschaftler schottischer Abstammung. Nicht versäumt werden sollten die „Elgin Marbles" vom Parthenon, die Ägyptische Abteilung, die Schachfiguren aus dem 12. Jh. von der Hebrideninsel Lewis, der Schatz von Sutton Hoo, der Stein von Rosette, mit dem die Hieroglyphen entziffert werden konnten, und die Galerie zur englischen Aufklärungszeit. Der Reading Room der ehemaligen British Library sah schon Gandhi und Marx. Praktisch auf der Website: Ideen für Aufenthalte von einer Stunde oder drei Stunden, Online-Touren und ein kinderfreundlicher Trail. Ende 2013 eröffnet der neue World Conservation und Exhibitions-Centre-Anbau. Zwischen King's Cross und Euston Station prä-

sentiert sich die `02` **British Library** (96 Euston Road, U-Bahn: King's Cross, www.bl.uk, Lesesäle So. geschl.) in einem äußerlich wenig ansprechenden Backsteinbau, birgt in ihrem Inneren aber eine der größten und wertvollsten Bibliotheken der Welt mit 14 Mio. Büchern, 920 000 Zeitungen und Zeitschriften, 58 Mio. Patenten und 3 Mio. Tonaufnahmen. Die Bibliothek selbst ist zwar nur mit einem Leseausweis zugänglich, einige ihrer bedeutendsten Schätze werden aber in der Sir John Ritblat Gallery gezeigt. Dazu gehören u.a. ein Original der Magna Charta von 1215, Grundlage der englischen Demokratie, die berühmten Lindisfarne Gospels, wertvolle Bibeln aus dem 8. Jh., ein Mercator-Atlas von 1568, die erste Gesamtausgabe der Werke von William Shakespeare, Notizen von Leonardo da Vinci in Spiegelschrift, Handschriften von Lewis Carroll, Charles Dickens, Jane Austen und Virginia Woolf, die Urschrift von Händels „Messias", Songtexte von den Beatles sowie Lenins Antrag auf einen Leseausweis der damals noch im British Museum untergebrachten Bibliothek. Die British Library mit ihren rund 700 Kilometer Regalfläche ist wahrlich mehr als ein Ort für trockene Recherche – eine unvergleichliche Schatzkammer von Büchern und Dokumenten der Zeitgeschichte.

Etwas versteckt am Rande des Barbican-Viertels, mit Blick auf die kargen Überreste der römischen Stadtmauer, findet man das `03` **Museum of London** (London Wall, U-Bahn: Barbican, St. Paul's, Moorgate, www.museumoflondon.org.uk, tgl. 10.00–17.30 Uhr), das größte Stadtmuseum der Welt. Es vermittelt einen lebendigen Überblick über das Leben in London von den Anfängen bis zur Gegenwart. Eines von vielen Highlights ist die audiovisuelle Vorführung „Fire of London", bei der aus dem berühmten Tagebuch von Samuel Pepys gelesen wird, der das Große Feuer im Jahr 1666 mit

Tipp

Kunst auf dem Land

Knapp zehn Kilometer südlich vom Stadtzentrum findet man sich im dörflichen Duwich, dem Geburtsort Enid Blytons, mit schönen georgianischen Villen, der einzigen noch erhaltenen Zollschranke Londons und der ersten öffentlichen Kunstgalerie des Landes (1814). Bei der **Dulwich Picture Gallery** stimmt einfach alles: Alte Meister hängen in natürlichem Licht, die Gastronomie lädt bei schönem Wetter auch draußen ein, und das hübsche Wohnviertel bietet ein interessantes Kontrastprogramm zu den gängigen South-London-Klischees.

Am besten spazieren Sie nach dem Museumsbesuch mit Londonern im Park nebenan und genehmigen Sie sich anschließend einen Biowein in der täglich geöffneten **Green & Blue-Weinbar** (38 Lordship Lane, East Dulwich, www.green andbluewines.com). Mit dem Taxi geht's dann zurück.

Dulwich Picture Gallery, Gallery Road, Bahn: West Dulwich ab Victoria, North Duwich ab London Bridge, www.dulwichpicturegallery.org.uk, Di. – Fr. 10.00 – 17.00, Sa., So. und Fei. (Mo.) 11.00 – 17.00 Uhr

Infos

eigenen Augen gesehen hat. 2010 wurden die neuzeitlichen Galerien – zum London der Aufklärung und der Kaffeehäuser, zum viktorianischen London und der heutigen Stadt – wieder eröffnet und die güldene Lord Mayor Coach (1757) ist auch wieder zu sehen. Tipp: die Homepage bietet den Gratis-Download eines deutschsprachigen Orientierungsplans mit Highlights!

Kunst im Bau(haus) hatten wir schon, nun gibt es Kunst im Kraftwerk: Die **04** **Tate Modern** (Bankside Power Station, U-Bahn: Blackfriars, Southwark, www.tate.org.uk/modern, So.–Do. 10.00–18.00, Fr. u. Sa. bis 22.00 Uhr) ist die große Erfolgsgeschichte unter den zahlreichen Londoner Millenniumsprojekten. Das Schweizer Architektenteam Herzog & de Meuron baute 1995 bis 1999 für einen dreistelligen Millionenbetrag das kurz nach dem Zweiten Weltkrieg von Giles Gilbert Scott gebaute Kraftwerk Bankside Power Station mit seinen backstein-verkleideten Stahlgebilden und einem schlanken, 99 Meter hohen Turm um; im darauffolgenden Jahr wurde der neue Tempel für moderne und zeitgenössische Kunst eröffnet. Wo einst Maschinen lärmten, in der fünf Stockwerke hohen, das Entree des imposanten Museums bildenden ehemaligen Turbinenhalle

Tipp

Galerienszene

Entlang der Vyner Road in Shoreditch im East End bekommen Sie einen guten Eindruck von der aktuellen Galerienszene Londons (vom U-Bahnhof Bethnal Green die Cambridge Road entlang, vor dem Regent's Canal rechts). Zwei zentrale Galerien für „Street Art" und „Outsider Art" sind **Lazarides** (Banksys Dealer, Rathbone Place, www.lazinc.com) und **Bankrobber** (52 Lonsdale Road, www.bankrobberlondon.com), wo Sie Banksy zu sehen bekommen könnten, Damien Hirst oder auch die hübsch dekadenten Blutzeichnungen des Bad Boy und Babyshambles-Sängers Pete Doherty …

Bei Madame Tussauds: Amused? Or not amused?

werden heute auf den verschiedenen Ebenen der Galerie Werke der Klassischen Moderne und der Gegenwart präsentiert. Die Halle selbst wird zudem alle paar Monate einem neuen Künstler als kreative Spielwiese überlassen, oft mit interaktivem Touch. Wahre Blockbuster-Ausstellungen, tolle Blicke vom Café-Restaurant im 7. Stock über die Themse hinweg auf City und St. Paul's Cathedral sowie eine große Kunstbuchhandlung mit vielen kinderfreundlichen Souvenirs machen den Besuch dieses Museums zu einem Erlebnis.

Die im Jahr 1897 eröffnete, in einem von Sidney R. J. Smith entworfenen neoklassizistischen Gebäude am Themseufer untergebrachte **05** **Tate Britain** (Millbank, U-Bahn: Pimlico, www.tate.org.uk/visit/tate-britain, tgl. 10.00–17.50, Fr. bis 22.00 Uhr) geht zurück auf eine Schenkung des bedeutenden Kunstsammlers und Zuckermillionärs Sir Henry Tate. Mehr als 60 Gemälde namhafter britischer Künstler bildeten den Grundstock der Ausstellung, die heute als die weltweit größte Sammlung britischer Kunst gilt. Präsentiert werden der Präraffaelit Dante Gabriel Rossetti, der visionäre Dichter-Künstler William Blake, der brillante Gesellschaftskritiker William Hogarth und aktuelle Namen wie David Hockney und Lucian Freud. Die von James Stirling entworfene Clore Gallery zeigt die größte Sammlung an Ölgemälden und Aquarellen des britischen Nationalmalers William Turner.

Die gesamte Nordseite des Trafalgar Square wird von der eleganten Fassade der **06** **National Gallery** (Trafalgar Square, U-Bahn: Charing Cross, www.nationalgallery.org.uk, tgl. 10.00 bis 18.00, Fr. bis 21.00 Uhr) eingenommen. Dahinter verbirgt sich eine der bedeutendsten Gemäldesammlungen der Welt: Klasse statt Masse

lautete das Motto des Museums von Anfang an – 1824 kaufte die Regierung 38 Gemälde des Kaufmanns John Julius Angerstein, die zunächst in dessen Haus ausgestellt wurden, bis man das nach Entwürfen von William Walkins acht Jahre später am Trafalgar Square begonnene, später mehrfach veränderte und erweiterte Galeriegebäude im Jahr 1838 vollendet hatte. Präsentiert wird ein Querschnitt europäischer Malerei vom Hochmittelalter bis zum ausgehenden 19. Jahrhundert. Bemerkenswert sind die Sammlungen niederländischer Meister und der verschiedenen italienischen Malerschulen des 15. und 16. Jahrhunderts. Highlights sind Van Goghs „Sonnenblumen" und Jan van Eycks Arnolfini-Porträt, aber auch bahnbrechende britische Werke gilt es zu besichtigen wie J. M. W. Turners impressionistische Schiffs-Studie, George Stubbs' Rennpferde oder John Constables „Heuwagen".

In einem gelungenen Porträt enthüllt sich nicht nur die Persönlichkeit des dargestellten Subjekts; kenntlich werden auch die Machtverhältnisse und die Ästhetik der Zeit. Dementsprechend steht in der **07** **National Portrait Gallery** (St. Martin's Place, nahe Trafalgar Square, U-Bahn: Charing Cross, Leicester Square, www.npg.org.uk, tgl. 10.00–18.00, Do. u. Fr. bis 21.00 Uhr) nicht der Künstler im Mittelpunkt der Aufmerksamkeit, sondern das dargestellte Sujet. Präsentiert werden rund 10 000 Porträts prominenter Briten aus Geschichte und Gegenwart, die sich in ihrer Zeit einen Namen gemacht haben. Das erste von der Galerie erworbene Exponat war eine Shakespeare-Darstellung von John Taylor, zu den Highlights zählen die lebensgroße Darstellung Heinrichs VIII. von Hans Holbein d. J. und ein Ditchley-Porträt von Elisabeth I. Wem nach dem umfassenden Rei-

DuMont Aktiv

gen britischer Prominentenköpfe der eigene Kopf schwirrt – das Rooftop-Restaurant bietet nicht nur Speis und Trank, sondern auch spektakuläre Ausblicke.

Viel spannender, als der Name vermuten lässt, ist das **08 London Transport Museum** (Covent Garden Piazza, U-Bahn: Covent Garden, Charing Cross, Leicester Square, Holburn, www.ltmuseum.co.uk, Mo.–Do., Sa. u. So. 10.00 bis 18.00, Fr. erst ab 11.00 Uhr). Zu besichtigen sind viktorianische Pferdekutschen und die erste U-Bahn der Welt, die berühmten roten Doppeldecker, Werbeplakate für die Londoner Tube und vieles andere mehr.

In ist, wer drin ist: Das ist das Erfolgsgeheimnis von **09 Madame Tussauds** (Marylebone Road – nicht auf dem City-Plan –, U-Bahn: Baker Street, www.madametussauds.com, Mo.–Fr. 9.30–17.30, Sa. u. So. 9.00–18.00 Uhr). Ungeachtet der stolzen Eintrittspreise ist das Wachsfigurenkabinett ein Publikumsmagnet, vor dem man vor allem im Sommer mit längeren Wartezeiten zu rechnen hat. Zudem wird eine Marvel Superheroes 4-D-Attraktion gezeigt, basierend auf der Storyline „Incredible Hulk & Co. besuchen London".

Das **10 Natural History Museum** (Cromwell Road, South Kensington, U-Bahn: South Kensington, www.nhm.ac.uk, tgl. 10.00–17.50 Uhr) birgt hinter seiner pastellfarbenen Fassade geologische Schätze, Dinosaurierskelette, Animationen zu Erdbeben und Vulkanausbrüchen und vieles andere mehr. 2009 eröffnete mit dem achtstöckigen, rund 78 Millionen Pfund teuren und architektonisch beeindruckenden Darwin Centre die bedeutendste Erweiterung dieses Museums, seit es im Jahr 1881 nach South Kensington umgezogen ist.

Naturwissenschaftlich Interessierte und Technikfans, ob Laien oder Profis, sind beim **11 Science Museum** (Exhibition Road, South Kensington, U-Bahn: South Kensington, tgl. 10.00–18.00 Uhr, www.sciencemuseum.org.uk) in ihrem Element: Hier werden die Themen Industrielle Revolution, Umwelt, Technik etc. spannend aufgefächert. Neu ist ein Klimawandel-Trail.

Das spektakuläre **12 Victoria & Albert Museum**, kurz „V&A" (Cromwell Road, South Kensington, U-Bahn: South Kensington, www.vam.ac.uk, tgl. 10.00–17.45, Fr. bis 22.00 Uhr), ist das weltgrößte Museum für angewandte und dekorative Künste und Design: Skulpturen, Mobiliar, Glas, Mode, Schmuck, Stoffe, Teppiche, Metallarbeiten. Nicht verpassen: die British Galleries. Star der Abteilung islamischer Kunst ist der Ardabil-Teppich, der älteste Teppich der Welt; 2009 eröffnete zudem ein neuer Mittelalter- und Renaissance-Flügel. Das Café, ausgestattet von Vorreitern der britischen Arts & Crafts-Bewegung wie William Morris, war das erste Museumsrestaurant der Welt.

Bunte Pappkameraden

Londoner Kunstmuseen sind traditionell sehr familienfreundlich, doch manchmal ist es trotzdem schwer, die lieben Kleinen für, sagen wir, die großen Meister der Moderne zu begeistern. Die beiden Tate-Museen, Britain und Modern, ermutigen Kinder mit diversen Aktivitäten, sich mit Kunst auseinanderzusetzen, indem sie selbst welche schaffen.

In der Tate Britain können Familien die ganze Woche über mit einem „Family-Trail"-Faltblatt in der Hand die Highlights britischer Kunst abklappern; es gibt sogar einen Trail für Kinder unter fünf!

„Jeder ist ein Künstler" (Joseph Beuys)

Am Wochenende lädt das „Liminal"-Projekt Familien zu einer interaktiven und taktilen Begegnung mit Skulpuren ein.

KLECKSEN ERWÜNSCHT!
In der Tate Modern dann ist schon beim Betreten der riesigen Turbine Hall der „Wow!"-Faktor garantiert. Auf Level 4 ist eine interaktive Zone geboten. Dazu gibt die „Open Studio"-Aktivität jedes Wochenende eine originelle Antwort auf die recht unoriginelle Frage, ob nicht jedes Kind zeitgenössische Kunst herstellen könne. Bewaffnet mit Schere, Klebestift, Karton, Filz und Filzstiften können Kinder sich von Meisterwerken inspirieren und ihrer Kreativität freien Lauf lassen. Es darf über den Rand hinausgemalt werden! Anschließend können sie auf der „Tate Kids"-Sektion ihre eigenen Kunstwerke einem größeren Publikum präsentieren. Mal was anderes als immer nur Facebook!

AUF EINEN BLICK

Ausgangspunkt: Tate Britain: Eingangs-Rotunda, Millbank, U-Bahn: Pimlico; Tate Modern: „Open Studio": Clore Learning Centre, U-Bahn: Blackfriars

Dauer: „Liminal", Tate Britain: Sa. und So. 11.00–15.00 Uhr,

„Open Studio", Tate Modern: bis 16.00 Uhr; keine Reservierung

Kosten: keine, aber Achtung – die Souvenir-Shops haben unwiderstehliche, bildungstechnisch wertvolle Ware!
www.tate.org.uk

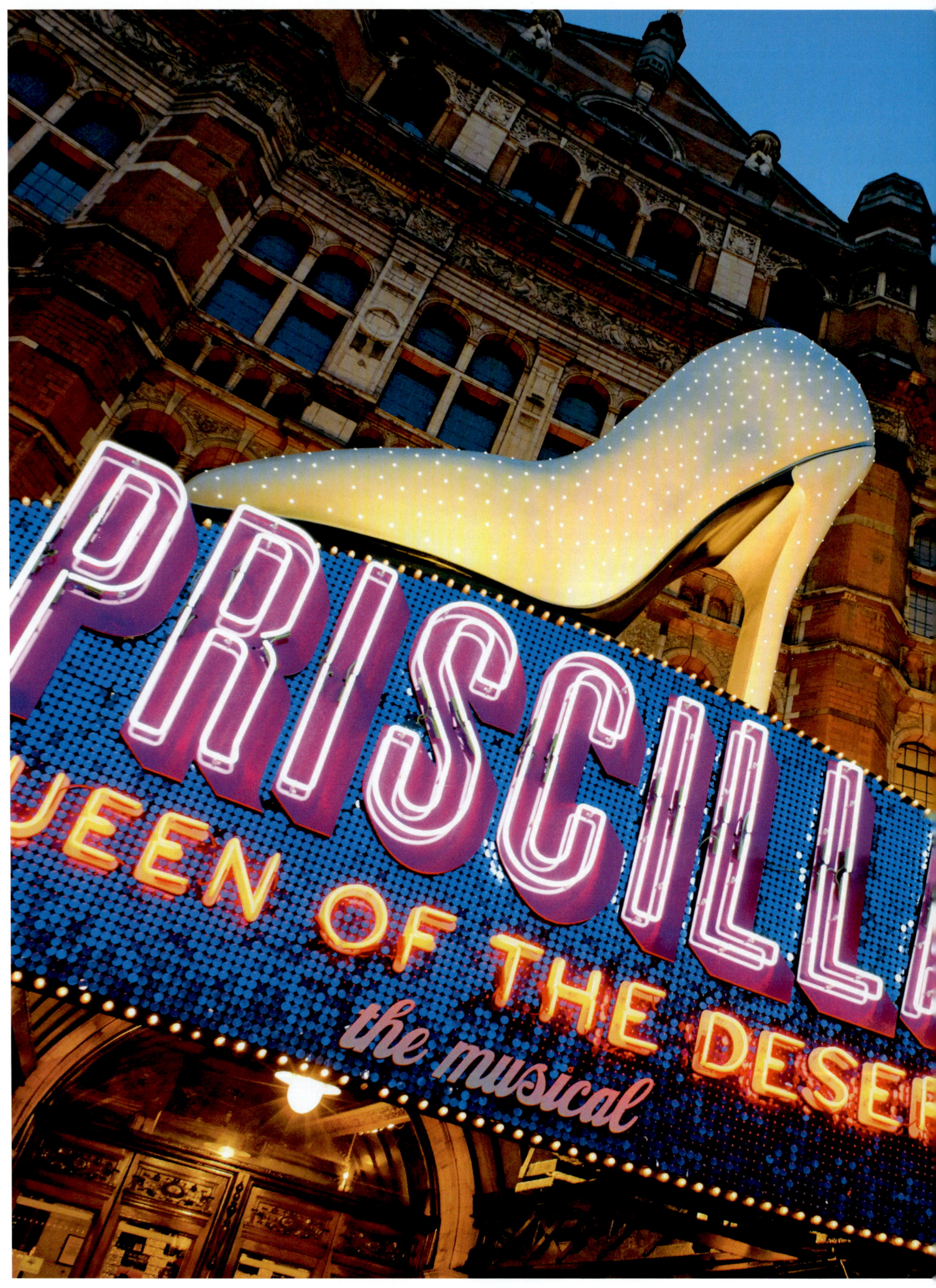

All night long

Sagen Sie nicht, Sie hätten London gesehen, ohne sich ins Nachtleben gestürzt zu haben! London live – and alive –, das heißt Musik, Theater, Oper und Ballett der Weltklasse, Filme in immer neuem Rahmen und etwa 200 Festivals für jede und jeden: Das reichhaltige Angebot brachte London in einem Städtevergleich mit New York, Paris, Schanghai und Tokio kürzlich sogar den ersten Rang ein. Die Stadt ist ein Inkubator für neueste Trends – und bietet freundlicherweise auch eine Menge Initiativen und Vergünstigungen, die das Stadt(er)leben zugänglicher machen. Deshalb gilt: Schlafen können Sie ja auch, wenn Sie nicht in London sind!

Wer an Londons Nachtleben denkt, der denkt meist auch an Musicals: „Priscilla – Königin der Wüste" basiert auf dem gleichnamigen Film

Tanzen, Singen, Spielen: Musicalmacher bedienen sich gern „klassischer" Themen oder solcher, die bereits auf Kinoleinwänden erfolgreich waren: Das gilt für „Sister Act" (ganz oben) genauso wie für „Zorro". Rechts: Und wie heißt es nicht nur am Broadway? There's no business like showbusiness.

Dem Kunstgesang frönt man (und Frau) im „Covent Garden", wie das Royal Opera House auch oft genannt wird.

Unter den dicht gedrängten Zuschauern rascheln Regenschirme und Plastikponchos in Einheitsgröße, als plötzlich zwei der Schauspieler von der Bühne springen und sich schwerterrasselnd durch die Menge winden ...

Mehr als drei Jahrhunderte lang war London das Herz eines riesigen Empires, und die Stadt profitiert enorm von diesem internationalen Kulturerbe. Täglich kann man an irgendeinem Ort der Stadt asiatische Fusion-Sounds, karibische Lyrik oder afrikanisches Tanztheater erleben; alle erdenklichen Misch- und Dialogformen bieten einem kulturhungrigen Publikum ständige Innovation. Beispielsweise eröffnete der deutsche Künstler Carsten Höller vor ein paar Jahren in einem viktorianischen Lagerhaus neben der Angel-U-Bahn-Station einen „Doppel-Club". Bar, Restaurant und Club hatten je zwei Teile: die eine Hälfte kongolesisch, die andere Hälfte westlich eingerichtet, sowie gastronomisch und musikalisch bestückt. Solche Projekte kommen und gehen, aber dieser ungewöhnliche Dialog zwischen Musik, Kunst und Lifestyle zweier Kulturen war in jedem Fall *very London!*

VORHANG AUF!

Globe Theatre, Southwark. Am Londoner Sommernachtshimmel ziehen sich dunkle Wolken zusammen, die ersten Tropfen fallen. Unter den dicht gedrängten Zuschauern rascheln Regenschirme und Plastikponchos in Einheitsgröße, als plötzlich zwei der Schauspieler von der Bühne springen und sich schwerterrasselnd durch die Menge winden, während sie weiter ihre Zeilen deklamieren. Hier im Globe können Besucher englisches Theater wie zu Tudor-Zeiten erleben: hautnah, open air und mit aktiver Zuschauerbeteiligung. Das Achteck im Fachwerklook ist die exakte Rekonstruktion des 1599 erbauten Globe Theatres, ganz in der Nähe des Originalstandorts, zu dessen Schauspielerriege auch William Shakespeare gehört haben soll. Damals waren die Theater verbannt ans Südufer der Themse, doch das Globe war nicht Londons erstes elisabethanisches Theater in Bankside: 1989 stieß man bei Ausgrabungsarbeiten für einen Bürobau zufällig auf die gut erhaltenen Überreste des Rose Theatre, erbaut im Jahr 1587 und Ort der Uraufführung vieler Stücke von Shakespeare und Christopher Marlowe.

THEATER, THEATER!

Respekt für die Tradition ist ein wichtiger Aspekt des breit gefächerten Londoner Bühnenlebens. Seit über 60 Jahren – so lange also, wie die Queen bereits auf dem Thron sitzt – läuft hier

Roter Teppich vor dem Premierenkino Empire Cinema am Leicester Square: Laufsteg für – in diesem Fall – die Crew von Robert B. Weides Film „New York für Anfänger"

The O2, ursprünglich „Millennium Dome" genannt, ist *die* angesagte Konzertarena der Stadt – Prince gab hier einst 21 ausverkaufte Konzerte in Folge.

The Lady Sings the Blues: Linda Lewis im Jazz Cafe in Camden Town

Livehaftig

Irgendwo ist in London immer irgendwas geboten – da hat man in der Regel die Qual der Wahl.
Ob Theater oder Oper, klassische Musik, Tanz-Performance, Ballett, Film – suchen Sie sich was aus, *take your pick!* Die beste Quelle für aktuelle Informationen zur Musik-, Theater-, Film-, Sport- und Schwulenszene sowie für Gratis-Events ist das jeden Mittwoch erscheinende Time-Out-Stadtmagazin (www.timeout.com/london).

Auch über Musicals informiert Time Out

zum Beispiel ein Theaterstück von Agatha Christie über einen Mord in einer eingeschneiten ländlichen Pension. Damit hat sich „The Mousetrap", „Die Mausefalle", einen Platz im „Guinnessbuch der Rekorde" erobert. Bevor der Vorhang fällt, wird das Publikum auf Geheimhaltung eingeschworen. Und, fast unglaublich – die überraschende Wendung des Plots haben seit 1952 (fast) alle für sich behalten!

Doch die Londoner Bühnen widmen sich auch zunehmend den Themen der Zeit: von Migrationsproblemen über den Irakkrieg bis zum Facebook-Phänomen. Zu den Trends der letzten Jahre gehören Improvisation – ein Musical etwa, bei dem die Zuschauer die Choreografie bestimmen können – und das „Verbatim"-Theater, das auf der Basis von Wortlaut-Interviews seine eigenen dramatischen Geschichten erzählt: von weiblicher Sexualität bis zum Tod einer Friedensaktivistin im Gazastreifen. Immer wieder stehen auch Hollywood-stars wie Josh Hartnett und Jude Law auf kleinen, aber feinen Londoner Bühnen, etwa dem Donmar Warehouse. Zudem reißen in einer wachsenden Zahl von Comedy-Clubs große Namen wie John Hegley, Jo Brand, Alan Carr oder Daniel Kitson routiniert ihre Gags.

Auch in der Musik geben sich in London Tradition und Moderne die Klinke

in die Hand. Ein Beispiel: das Handel House. In diesem georgianischen Mayfair-Bürgerhaus lebte „George Frideric Handel" – britischer Staatsbürger seit 1727 – die letzten 36 Jahre seines Lebens und komponierte das „Messiah"-Oratorium, die Feuerwerksmusik sowie die Krönungsmusik „Zadok the Priest", die auch bei der nächsten anstehenden Krönung – Prince Charles III.? – gespielt werden wird. Zweihundert Jahre später lebte der begnadete Gitarrist Jimi Hendrix im Haus nebenan. Gern werden in London auch klassische Formate aktualisiert. Das „Proms"-Festival klassischer Musik zum Beispiel ist seit 1895 in der Royal Albert Hall zu Hause.

DER SOUND DER STADT

Nehmen wir einmal an, man könnte kurz in die iPods reinhören, mit denen sich Londons U-Bahn-Fahrer in eine hermetische musikalische Welt beamen – das ergäbe einen repräsentativen Querschnitt des aktuellen Sounds der Stadt. Der eine hört vielleicht Lily Allens ironisierende Popsongs oder Linda Lewis' Rhythym-and-Blues-Balladen, der andere einen Bhangra-Mix – den Sound asiatischer Einwandererkids.

LONDONER SZENEN

Die Stadt bedient jeden Musikgeschmack, ob Indie, (immer noch) Punk, Gothic

„Burning Down The House" : Im Exquinox Nightclub …   … in Soho geht die Post ab.

Beliebter Treffpunkt auch für Nachtschwärmer: der Brunnen an der Ecke Haymarket/Piccadilly Circus

Bisse und Küsse: Im CC Nightclub in Soho wird die Nacht zum Tag gemacht, ...

... und nur der *bartender* tendiert *to keep cool*.

EINDEUTIG ZWEIDEUTIG: TRAVESTIESHOWS

I'm just a sweet Transvestite ...

Man beachte die rosa Limousine

Wie leben für die Show!

... from Transsylvaniaaaaa – aha!" Riesige rot glimmernde Kussmünder und mit dem Spachtel aufgetragener königsblauer Lidschatten, grelle Federboas und turmhohe Bienenkorbfrisuren, Lederuniformen und Blütentüll, Lackstiefel und Stöckelpumps an großen Füßen, Bedienungen mit großzügigem strassbesetztem Dekolleté und eine Menge eindeutig Zweideutiges: In Madame Jojo's Club laufen Sohos beliebteste Transvestiten-Cabaretshows.

Die „Kitsch-Cabaret"-Nächte im ehemaligen Stripclub mit seinem sündig-tiefroten Dekor sind ein absoluter Favorit bei britischen Junggesellinnenabschieden.

Wundern Sie sich also nicht, wenn in der Pause vielleicht ein aufblasbarer Penis die Runde auf den hinteren Rängen macht. Bei den Songs dürfen natürlich die Rocky Horror Picture Show und Bonnie Tylers „Holding Out for a Hero" nicht fehlen – spätestens beim Abba-Medley gibt es dann für die versammelten „Hennen" überhaupt kein Halten mehr, und ein ganzer Wald von Armen wächst den Darstellern entgegen.

oder Electro. Dabei spielt die Szene heute besonders gern mit Retrostil und Ironie: Bei „burlesquen" Varieténächten rasselt das Nippelpiercing, Pole-dancing-Stunden vermitteln Kenntnisse im kalorienverbrennenden, vormals Strippern vorbehaltenen Tanz an der Stange, und in einem der coolsten Clubs der Stadt, dem Working Men's Club in Bethnal Green, spielen im Untergeschoss die Älteren Bingo, während oben musikalische Wrestlingmatches und andere ungewöhnliche Events für die Jüngeren abgehalten werden.

Wer es gerne ruhiger angehen lässt: Die Stadt ist auch eine Plattform für das Revival englischer Folkmusik – von den ätherischen Harfenklängen einer Joanna Newsom zur Acoustic-Gitarre der jungen Kate Rusby.

Und Musik spielt auch eine Rolle in der Londoner *flash-mob*-Kultur, bei der sich die Leute über eine Website organisieren und Interventionen im öffentlichen Raum unternehmen: Beispielsweise erstarren sie auf einem belebten Platz scheinbar zur Salzsäule, während ringsherum die Berufspendler versuchen, ihren Zug in die Vorstädte noch zu erreichen. Doch was heute noch Avantgarde ist, dient morgen vielleicht schon kommerziellen Zwecken – und ist übermorgen Tradition.

Let the games ...

... begin! 2012 fanden die Olympischen Sommerspiele zum dritten Mal – nach 1908 und 1948 – in der Geschichte der modernen Olympischen Spiele in London statt: ein Rekord.

Millionen von Briten jubelten, als London als Austragungsort für die Olympischen Sommerspiele 2012 (27. Juli bis 12. August) und Paralympischen Spiele (29. August bis 9. September) bekannt gegeben wurde. Die Hauptstadt hatte sich gegen Tokio, Madrid und Rom durchgesetzt. Und so wurde 2012 das prestigeträchtigste Sportevent der Welt quer durch die Stadt abgehalten: Fußball im neuen Wembley-Stadion, Triathlon im Hyde Park, Beach-Volleyball auf Horse Guards Parade.

Doch die ursprünglich geschätzten Kosten eskalierten auf mindestens das Fünffache, das Olympia-Logo war ein grafischer Fehlgriff, hundert Jahre alte Schrebergärten mussten den Green Olympics weichen, der VISA-Sponsor machte sich mit exklusiven Ansprüchen etwas lächerlich – Artikel in den Souvenirläden konnten nur mit VISA-Karte erworben werden –, viele störten sich an der Militarisierung der Stadt während der Spiele, und die Public-Private-Partnerships fielen doch sehr zulasten der öffentlichen Hand aus. Einige Londoner beschlossen, in dieser Zeit andernorts ihren Urlaub zu verbringen – statt vor Ort bei den Wettkämpfen zuzuschauen – und mit der Vermietung ihrer Wohnung einen guten Schnitt zu machen.

POSITIVE EFFEKTE

Doch die Regenerierung von East London war eine wichtige Entwicklungschance für die Stadt. Überall sieht man Aktivität, Londoner können im Schwimmstadion ihre Bahnen ziehen und das Lea Valley auf Wander- und Radwegen erkunden. Und dieser erhöhte Freizeitwert ist auch für Besucher der Stadt interessant!

Bei den Planungen wurde stets der Aspekt der Nachhaltigkeit herausgestellt: London 2012 sollten die grünsten Olympischen Spiele der Geschichte werden. Verschiedene Maßnahmen wurden dazu ergriffen, so fuhr kaum ein Olympiabesucher mit dem Auto zu den Wettkämpfen. Und noch eine olympische Errungenschaft im neuen Queen Elizabeth Olympic Park ist für London-Besucher interessant: Der riesige Arcor Mittal Orbit, ein 115 Meter hoher Skulptur-Turm in roter Korkenzieher-Optik, bietet eine Besucherplattform für meilenweite Fernblicke. Die neue Attraktion ist Großbritanniens reichstem Mann, Stahlmagnat Lakshmi Mittal, zu verdanken. Der Entwurf des Werks geht auf das Konto des hochangesehenen indo-britischen Bildhauers Anish Kapoor.

KEIN NEULAND

Für London bedeutete die Vorbereitung kein absolutes Neuland: Im Jahr 1908 hatten die Olympischen Spiele ursprünglich in Rom stattfinden sollen, doch zwei Jahre vor dem geplanten Ereignis zwang der Ausbruch des Vesuvs die italienische Regierung, die Olympiagelder nach London umzuleiten. Und nicht nur das: Die Briten gewannen damals auch die meisten Medaillen. Das zweite Mal, 1948, war überschattet von der jüngsten Geschichte. Man vergisst leicht, dass die Briten noch Jahre nach dem Krieg Lebensmittelrationierung hatten. Deutschland wurde zu diesen „Austerity Games", den „enthaltsamen Spielen", gar nicht erst eingeladen.

Vierzig Jahre später, 2008, erlebten britische Athleten in Peking ihre größten Erfolge seit hundert Jahren; als sie zurückkehrten, wurden sie gefeiert wie Helden.

Nun kann man nur hoffen, dass die Olympic Games auch als Initialzündung für mehr Sport bei Londoner Kindern dienen.

AKTUELL INFORMIERT

Webseiten zum Thema sind
www.london2012.com *(offiziell) und*
www.londonolympics2012.com *(inoffiziell).*
sowie
www.dosb.de

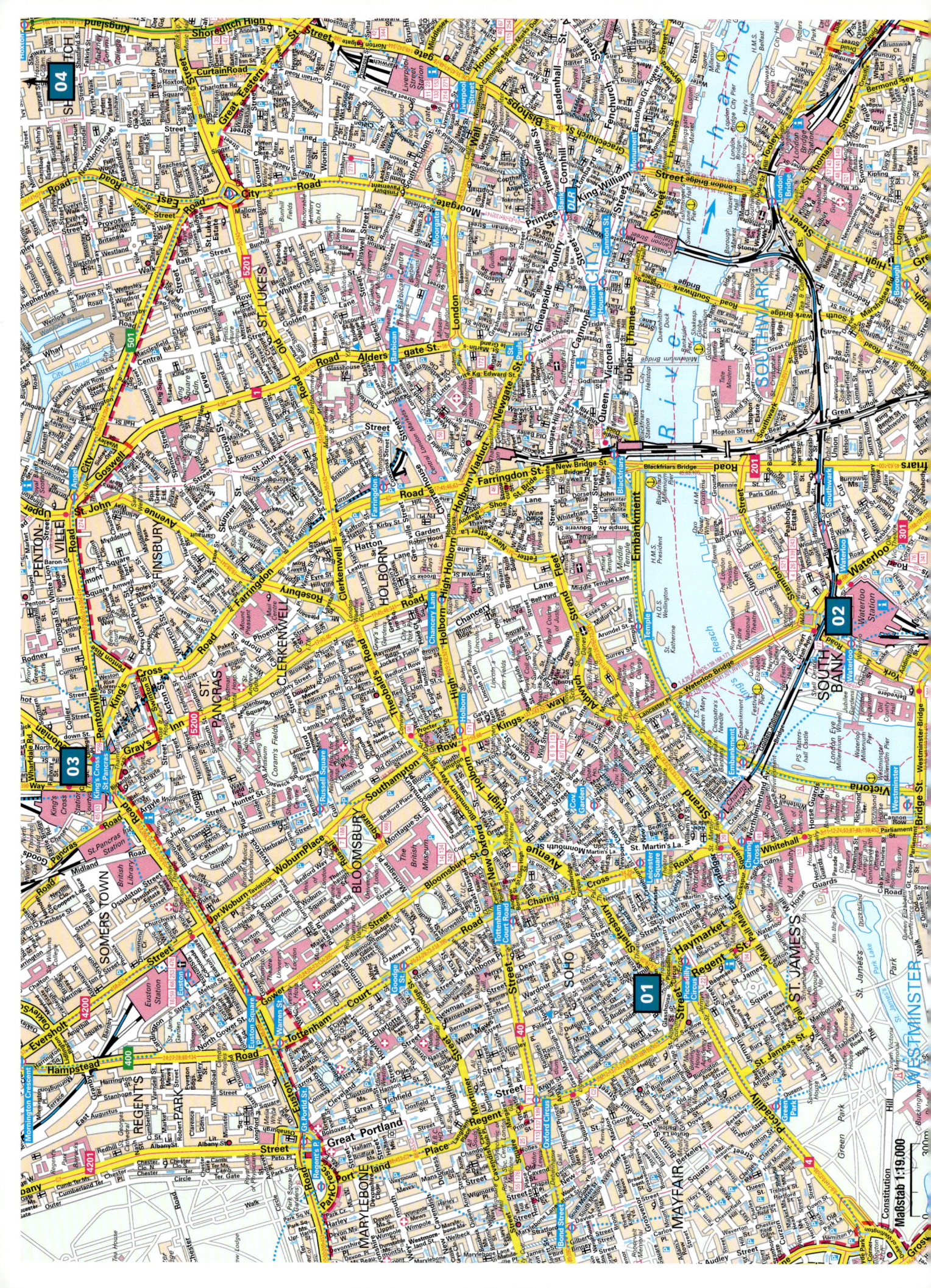

Time (to go) Out

Für ihre Größe ist London eine sehr sichere Stadt. Damit das Ausgehen zu keinem unangenehmen Erlebnis wird, sollte man nur die üblichen Sicherheitsregeln berücksichtigen: keine Taschen und Reißverschlüsse offen lassen, iPad & Co. nicht zu sehr zur Schau tragen, nachts schlecht beleuchtete Straßen und Abkürzungen meiden, in Bars die Drinks im Auge behalten, keine unlizenzierten Taxis oder Minicabs benutzen – und im unwahrscheinlichen Fall eines Falles nicht den Helden spielen.

01 WEST END

„Theatreland", der klassische Entertainment-Distrikt, umfasst etwa 40 Theater, meist aus der spätviktorianischen oder edwardianischen Zeit, die Mainstream-Theaterstücke und Musicals auf die Bühne bringen. Zwischen The Strand, Oxford Street, Regent Street und Kingsway finden Sie aber auch Pubs und Patisserien, Produktionsgesellschaften sowie in Soho immer noch den einen oder anderen Pornoladen und die Hauptstraße des schwulen London, Old Compton Street.

Sehenswert

Gateway zum West End und ein beliebter Treffpunkt von Generationen von Schülergruppen und Touristen, wird **Piccadilly Circus** (U-Bahn: Piccadilly Circus) fälschlicherweise oft als das Herz der Stadt angesehen. Der Platz, flankiert vom ehemaligen Trocadero-Entertainment-Zentrum, demnächst fensterloses „Piccadilly"-Pod-Hot, markiert den Beginn des Entertainment-Bezirks, ist aber trotz haushoher Neonreklamen keine Konkurrenz für den New Yorker Times Square. Wussten Sie, dass es sich bei der Figur auf dem Shaftesbury-Brunnen nicht um Eros handelt, sondern um Anteros, den Gott der Gegenliebe, der verschmähte Liebe rächt?

Comedy

Comedy liegt im Trend: **The Comedy Store** (7 Oxendon Street, U-Bahn: Leicester Square, Piccadilly Circus, Tel. 0844 8 71 76 99, www.the comedystore.co. uk).

Kino

Ein kleines, unschlagbar günstiges Traditions-Programmkino (noch billiger mit Jahresmitgliedschaft für 10 Pfund) ist das **Prince Charles** (7 Leicester Place, U-Bahn: Leicester Square, Tel. 74 94 36 54, www.princecharles cinema.com). Hier zeigt man oft Filme im Doppelpack. Haustradition: englisch-exzentrische interaktive „Singalonga"-Abende mit Musical-Klassikern wie „Grease" oder „The Rocky Horror Picture Show". Am anderen Ende der Skala

Na, dann kann der Abend ja beginnen …

ist der **Weekend Film Club** (Tel. 75 46 10 07, www.firmdale.com) eine gute Idee der Firmdale-Luxushotelkette: ein stilvoller Nachmittagsfilm (15.30 Uhr) im stylischen Ambiente auf hochkomfortablen Ledersesseln in Kombination mit Afternoon Tea, Champagner, Lunch oder Abendessen (bei Letzterem sind die Getränke extra). Eine ideale Location für traute Zweisamkeit im cineastischen Rahmen – Sa. im Covent Garden Hotel, So. im coolen Soho Hotel und im Charlotte Street Hotel.

Oper und Konzerte

Das **Royal Opera House** (Bow Street, U-Bahn: Covent Garden, Tel. 73 04 40 00, www.roh.org. uk) ist Heimat von Royal Opera und Royal Ballet in Covent Garden mit der dramatischen Floral Hall. Die meisten Produktionen haben englische Übertitel. Es gibt keine Kleiderordnung: Jeans u.Ä. sind erlaubt! Das Geheimnis günstigerer Tickets: so schnell wie möglich buchen. Ansonsten: Schlangestehen für die 67 Tagestickets (ab 10.00 Uhr morgens im Verkauf). Londons zweites Opernhaus, die **English National Opera** (The Coliseum, St Martin's Lane, U-Bahn: Leicester Square, Charing Cross, Tel. 0871 9 11 02 00, www.eno.org) bringt in Englisch gesungene (und übertitelte) Repertoireklassiker sowie neue Werke auf die Bühne. Das wunderschöne Interieur erstrahlt seit 2004 in neuem Glanz. Die Atmosphäre ist besucherfreundlich, mit wenig Snobismus, und die Website bietet Gratis-Podcasts zu jeder Oper!
Die frisch restaurierte Gemeindekirche von Buckingham Palace, **St. Martin's-in-the-Fields** (Trafalgar Square, U-Bahn: Charing Cross, Leicester Square, Tel. 77 66 11 00, www. stmartin-in-the-fields.org) ist berühmt für ihre romantischen Candlelight-Klassikkonzerte und ihre soziale Arbeit mit Obdachlosen; im Winter können Sie sich hier gut mit Wohltätigkeits-Weihnachtskartenpacks eindecken. Der Lift-Eingang führt hinunter in die Krypta mit

ihrem günstigen Restaurant (tagsüber). Fans der Barockmusik sollten das **Handel House** (25 Brook Street, U-Bahn: Bond Street, Tel. 74 95 16 85, www.handelhouse.org) nicht versäumen. Das Haus, eingerichtet wie zur Zeit des Wahllondoners Händel, steht Besuchern offen. Jeden Do. und an anderen Wochentagen finden Recitals und Konzerte in dem Raum statt, in dem Händel komponierte und probte.

Theater & Musical

Informationen zu dem aktuellen Theatervorstellungen und den Top Ten Musicals: www. whatsonstage.com und www.visitlondon.com. Schon rein vom Ästhetischen her lohnt ein Besuch eines der schönsten Theater der Welt, des **Theatre Royal Haymarket** (18 Suffolk Street, U-Bahn: Piccadilly Circus, Tel. 0845 4 81 18 70 innerhalb UK, www.trh.co.uk) mit seinem goldglänzenden Interieur und riesigen Kronleuchtern. Wo einst Theatergeschichte geschrieben wurde, sehen Sie heute Stars wie Ian McKellen und Steven Berkoff. Theaterstücke kommen und gehen, aber Andrew Lloyd Webbers „Phantom of the Opera" und „Les Misérables" sind schon seit über zwanzig Jahren dabei. Und Agatha Christies Dauerbrenner „The Mousetrap" am **St. Martin's Theatre** (West Street, Cambridge Circus, U-Bahn: Leicester Square, Tel. 08444 99 15 15, www.the-mousetrap.co.uk) wird sicher noch in den nächsten 60 Jahren laufen. Unter den Theatern, die sich als „Off-West End" durch die Wahl ihrer Themen und ungewöhnlichere Inszenierungen absetzen möchten vom klassischen West End, ist der aktuelle Liebling der Kritik das **Donmar Warehouse** (41 Earlham Street, U-Bahn: Covent Garden, Leicester Square, Tel. 0844 8717624, www.donmarwarehouse.com). Ein cooles Publikum goutiert die Produktionen des **Soho Theatre** (21 Dean Street, U-Bahn: Tottenham Court Road, Tel. 020 74 78 01 00, www.sohotheatre.com). Hier gibt es auch gute Comedy.

Weinbars

Wem nach einem gepflegtem Glas Wein, einem Port oder Sherry im schummrig-gemütlichen Ambiente zumute ist – **Gordon's Wine Bar** (47 Villiers Street, U-Bahn: Embankment, Tel. 79 30 14 08, www.gordonswinebar.com) ist die älteste Weinbar Londons. Hier haben Sie schon fast die Themse überquert: Richtung Süden …

02 SÜDLICH DER THEMSE/ SOUTH BANK

Entertainment hat am Südufer der Themse schon eine lange Tradition. Vor Jahrhunderten gab es hier, außerhalb der Jurisdiktion der Stadt, Bären- und Hahnenkämpfe, lärmende Ta-

Infos

vernen, Prostitution. Heute ist ein gemütlicher Gang am südlichen Themseufer entlang sowohl tagsüber als auch abends eine der besten Aktivitäten, die Sie in London unternehmen können. Und trotz der mangelnden Infrastruktur – ein Blick auf die U-Bahn-Karte zeigt es – wird sich hier in den nächsten Jahren einiges tun, da mehr und mehr Londoner auch zum Wohnen an das Südufer der Themse ausweichen.

Sehenswert

Ein breites Programm mit Konzerten aller Couleur, Tanz, Lesungen, Debatten, Ausstellungen finden Sie im **Southbank Centre** (Belvedere Road, U-Bahn: Embankment, Waterloo, Tel. 0871 6 63 25 01, www.southbankcentre.co.uk), das sind zwei Konzerthallen (Royal Festival Hall und Queen Elizabeth Hall), die Hayward Gallery und eine Bibliothek mit moderner Lyrik. Der Musik und des neuen Diamond-Jubilee-Fensters wegen lohnt der Besuch der **Southwark Cathedral** (London Bridge, Tel. 73 67 67 00, www.southwark.anglican.org/cathedral, U-Bahn: London Bridge): Mo. Orgelspiel, Di. klassische Musik.

Clubs

24-Stunden-Clubber finden in Vauxhall ihr Mekka – im Gay-Technoclub **Fire** (38-42 Parry Street/South Lambeth Road, U-Bahn: Vauxhall, Tel. 32420040, www.fireclub.co.uk) kann man von Freitagnacht bis Dienstag früh durchmachen, selbstverständlich ganz ohne chemische Hilfen …

Kino

Das **British Film Institute** (Belvedere Road, South Bank, U-Bahn: Embankment, Tel. 79 28 32 32, www.bfi.org.uk) ist ein Mekka für Filmfreunde und bietet Kino aus aller Welt, Retrospektiven, Werkschauen, thematische Reihen und Festivals (wie das London Film Festival im Okt.) sowie ein spektakuläres IMAX-Kino mit der größten Leinwand des Landes. Tipp: In der Mediatheque können Sie unangemeldet britische Filmklassiker schauen!

Theater

Im **National Theatre** (South Bank, U-Bahn: Charing Cross, Waterloo, Tel. 74 52 30 00, www.nationaltheatre.org.uk) am Themseufer bieten drei Bühnen Klassisches, Aktuelles und hochkarätige interdisziplinäre Kollaborationen. Spartipp: TravelEx-Tickets für 12 Pfund. Im **Old Vic** (103 The Cut, U-Bahn: Waterloo, Tel. 0844 8 71 76 28, www.oldvictheatre.com) geben sich seit 1818 die illustren Namen – Redgrave, Olivier, Gielgud & Co. – die Klinke in die Hand. Heute verschafft sich der künstlerische Leiter – Hollywood-Star Kevin Spacey – mit seiner Interpretation moderner Klassiker und neuer Stücke Respekt. Schräg gegenüber ist die Bar des Young Vic (www.youngvic.org) ein beliebter Treffpunkt.

Weiter die Themse entlang schauen Sie in **Shakespeare's Globe** ▶TOPZIEL tagsüber hinter die Kulissen der Theatergeschichte (21 New Globe Walk, Bankside, U-Bahn: Southwark, Tel. 79 02 15 00, 74 01 99 19, www.shakespeares-globe.org.uk) und erleben in der Saison abends Shakespeare-Stücke, wie sie der Barde vorgesehen hat. Auch Besuche des **Rose Theatre** (56 Park Street, Tel. 72 61 95 65, www.rosetheatre.org.uk) sind möglich. Ganz in der Nähe leuchtet der neueste Star am Himmel: die **Menier Chocolate Factory** in einer ehemaligen Schokoladen-Fabrik (53 Southwark Street, Tel. 79077060, www.menierchocolatefactory.com, U-Bahn: Borough). Ein rezessionsgerechter „Meal Deal" verbindet Theaterticket und ein britisches Menü.

03 KING'S CROSS/CAMDEN

Diese beiden Viertel lassen sich wunderbar mit einer nächtlichen Tour verbinden: Camden, traditionell mit der Londoner Alternativkultur verbunden, und King's Cross, ein Viertel im Wandel. Zuerst zog die British Library von Blooms-

Skulptur von Paul Days, St. Pancras Station

Tipp

Konzert-Ikone

Das Backsteinoval mit dem umlaufenden Mosaikfries ist eine Ikone Londons. 1963 spielten die Beatles und die Rolling Stones in der **Royal Albert Hall** ihr einziges gemeinsames Konzert, wenige Jahre später ernteten Pink Floyd lebenslanges Hausverbot, weil sie live zwei Kanonen abgefeuert hatten. In neuerer Zeit spielten hier Pakistans bekannteste Rockband Junoon und Indie-Punkrocker Pete Doherty. Führungen lassen hinter die Kulissen blicken.

Royal Albert Hall, Kensington Gore, U-Bahn: South Kensington, Tel. 75 89 92 12, www.royalalberthall.com

bury hierher, jetzt kommt der Eurostar hinter der Märchen-Gotikfassade des St. Pancras-Bahnhofs an, wo die weltlängste Champagnerbar müde Reisende versorgt. Der King's-Cross-Bahnhof bleibt hässlich, doch es ist kein Zufall, dass 2008 die Konzerthalle Kings Place – und auch die neue Heimat der linksliberalen Guardian- und Observer-Zeitungen – hier gebaut wurde. Prostituierte und Drogendealer weichen hippen Clubgängern. Watch this space!

Musik

Im **Kings Place** (90 York Way, U-Bahn: King's Cross/St. Pancras, www.kingsplace.co.uk) hören Sie klassische und zeitgenössische Musik. Einer der beliebtesten Clubs der Stadt, zwischen King's Cross und Camden gelegen, ist **EGG** (200 York Way, U-Bahn: King's Cross/St. Pancras, www.egglondon.net,) mit großem Rauchergarten; die beliebte „Breakfast at Egg"-Night beginnt So. morgens um 5.00 Uhr mit Frühstücks-House und Electro. In Camden regiert die Alternativ-Clubszene mit Punks, Goths, Indie-Electro im **Koko** (1A Camden High Street, U-Bahn: Mornington Crescent, www.koko.uk.com). Wer es ruhiger, aber trotzdem cool mag, der schlürft ein Pint im **Hawley**

DuMont Aktiv

Arms Pub (2 Castlehaven Road, U-Bahn: Camden Town, www.thehawleyarms.co.uk), nach dem Markt-Feuer von 2008 renoviert und bekannt als das ehemalige *local* der 2011 verstorbenen Soul-Sensation Amy Winehouse. Ganz in der Nähe steht das **Roundhouse** (Chalk Farm Road, U-Bahn: Chalk Farm, www.roundhouse. org.uk), ein ehemaliges viktorianisches Busdepot, lichtdurchflutet und mit 1800 Sitzplätzen für Musik, Tanz, Theater und Zirkusveranstaltungen, plus Café. Gordon Ramsays **York & Albany** (Hotel, Restaurant und Cocktailbar; 127–129 Parkway, U-Bahn: Camden Town, Tel. Restaurant 73 88 33 44, www.gordonramsay. com/yorkandalbany) lockt jetzt auch eine betuchtere Klientel nach Camden, zum Beispiel zu Sonntagsbraten oder Quizabenden.

04 HOXTON/SHOREDITCH

Wer die Straßenzüge zwischen Kingsland Road, Old Street und Shoreditch High Street entlangläuft, merkt kaum, dass hier das Herz des kreativen London schlägt: hinter abbröckelnden Fassaden und Wänden mit Graffitis, zwischen vietnamesischen Suppenrestaurants und Pubs sowie herumliegendem Müll eröffnen trendige Galerien und werkelt man am neuen Sound der Stadt. Dank der immer noch vergleichsweise günstigen Mieten ist dies das Territorium der künstlerisch angehauchten Shoreditch-Hipsters – die Männer mit Pork-pie-Hüten und Krawatte à la Pete Doherty, die Damen neuerdings mit Strumpfhosen-Leggings, wo irgendwie der Rock zu fehlen scheint.

Clubs/Pubs & Co.

Mit ihren Lizenzen bis teilweise 4.00 Uhr morgens verkörpern Pubs wie der alte **Horse & Groom** (28 Curtain Road, U-Bahn: Old Street, Liverpool Street, Tel. 07806 28 83 31, www.the horseandgroom.net) und **Star of Bethnal Green** (359 Bethnal Green Road, U-Bahn: Bethnal Green, Tel. 77 29 01 67, www.starofbethnal green.com) einen neuen Typ Pub mit coolen Clubsounds an Wochenenden bei Getränken zu Pub-Preisen: „plubs". Tipp für Sonntag: „Sunday Roast"-Bratenfest. In den Clubnights des **Bethnal Green Working Mens Club** (42-44 Pollard Row, Bahn: Bethnal Green, www.wor kersplaytime.net) erscheint man am besten exzentrisch Vintage-gestylt. Coole experimentelle Klänge gibt es zu hören im **Café Oto** (18-22 Ashwin Street, U-Bahn: Dalston Kingsland, www.cafeoto.co.uk).
Hungrige Clubber können sich auf die günstige Speisung durch die **Brick Lane Bagel Bakery** (159 Brick Lane, U-Bahn: Whitechapel, Old Street, Tel. 77 29 06 16) verlassen – die ist nämlich rund um die Uhr geöffnet!

Swinging London

Amerikanischer Swing wie der berühmte „Lindy Hop" hat in London neue Freunde gefunden – und neue Freunde findet man beim Tanzen auch schnell. Da die Tanzveranstaltungen auch unregelmäßigen „drop-ins" offen stehen, kann man selbst bei einem Kurz-Städtetrip das Tanzbein schwingen.

An fast jedem Wochentag werden irgendwo in London der „Lindy Hop" und verwandte Tänze wie der Charleston oder der „6-count"-Swing von der amerikanischen Ostküste getanzt. Lindy Hop, auch als „Jitterbug" oder „Jive" bekannt, war der bevorzugte Tanz der berühmten „Harlem Renaissance"-Ballrooms der Zwanziger- und Dreißigerjahre des vergangenen Jahrhunderts. Wer ein bisschen Tanzgefühl im Blut hat, wird schon bald den Rhythmus finden; die Knie werden weicher, die Glieder lockerer. Locker ist auch die Atmo-

Gute Laune garantiert

sphäre, selbst komplette Swing-Greenhorns werden freundlich aufgenommen. Einen Partner brauchen Sie nicht mitzubringen; die Lernkurve ist allerdings steil, etwas Konzentration schon angebracht. Und wer sich kleidungsmäßig ein bisschen ins Zeug legt – in Retro-Röckchen und Vintage-Tanzschuhen zum Beispiel? – wird das Ganze noch mehr genießen. Die Lindy-Hop-Szene bewegt sich außerhalb der Innenstadt: in Wimbledon, Hammersmith, Balham. Touristen werden Sie hier wenige antreffen. Swing on!

Bewegung in ihrer schönsten Form

AUF EINEN BLICK

Termine/Dauer: Swingtanz-Kurse gefolgt von Freestyle-Tanz finden an unterschiedlichen Wochentagen an verschiedenen Orten statt.

Idealerweise informiert man sich zuvor im Internet:
www.swingland.com
Kosten: ca. £ 10.

Ausrüstung: tanzgeeignete Schuhe.

Stadt, Land, Fluss

Wussten Sie, dass die Themse mal ein Nebenfluss des Rheins war? Bis vor etwa 12 000 Jahren jedenfalls, als die Insel noch eine Landbrücke zum Kontinent hatte. Am Nordufer der Themse bauten die Römer im ersten vorchristlichen Jahrhundert ihr Londinium; seitdem hat der Fluss auf seinen knapp 350 Kilometern verschiedenste Funktionen erfüllt: Grenzfluss, Handels- und Transportweg, Angriffsroute, Abwasserkanal, Sportplatz der Oberschicht. Immer aber blieb die Themse vor allem eines: die Lebensader der Stadt.

Vater Themse blickt gelassen auf das, was sich da an seinen Ufern so alles zeigt – ein so künstlicher wie kunstvoller Rasenschwimmer etwa.

Erinnerung an alte Zeiten: „Shad Thames" heißt diese Straße hinter den alten Lagerhäusern von Butler's Wharf.

Vor Gespenstern ist man in London ja nirgends sicher ...

Überblick: die Stadt, das (Hinter-)Land, der Fluss

Die Themse ist *liquid history*, so sagt man jedenfalls, „flüssige Geschichte" – und männlichen Geschlechts: „Father Thames", Vater Themse, nennt man den wenig spektakulär in den Hügeln der Cotswolds im Westen der Insel entspringenden Fluss ja auch, der ab Teddington („Tide-end-Town") den Gezeiten unterliegt und schiffbar wird. Vorbei geht sein Lauf an der Universitätsstadt Oxford, an noblen Anrainerhäusern wie am Königspalast Heinrichs VIII. in Hampton Court. „Je weiter sich die Themse London nähert, desto historischer, aufgeladener mit Geschichte wird sie", meint Peter Ackroyd, der eine voluminöse „Biografie" des Flusses geschrieben hat.

DIE SCHWÄNE DER KÖNIGIN

Eel Pie Island, Twickenham, West-London, sechs Uhr morgens. Gebucht ist eine „Sonnenaufgangstour auf der Themse". Als Danny Gilliard, Besitzer von „Thames River Adventures", unter den wachsamen Blicken der Schwäne unsere Kajaks zu Wasser lässt, sind die eigenen Augen noch recht schlitzartig. Alle Schwäne gehören der Queen – weiter flussaufwärts werden sie vom Königlichen Schwanenhüter jedes Jahr in einer typisch englischen Zeremonie gezählt. Der Legende nach soll sich Heinrich VIII. auf dem Weg von Hampton Court zu einer seiner vielen Geliebten auf der „Aalpasteten-Insel" mit Proviant eingedeckt haben; zu seiner Zeit landeten Schwäne noch am Spieß geröstet und mit Pfeffersoße auf dem königlichen Esstisch; als vor ein paar Jahren einige verschwanden, beschuldigte die Boulevardpresse sogleich hungrige Asylbewerber. Eel Pie Island, heute durch eine Brücke mit dem Ufer verbunden, hat in Musikkreisen Kultstatus – „The Who" nahmen hier in Pete Townshends „Eel Pie Studios" Platten auf, John Mayall's Blues Breakers sangen hier und ein gewisser David Jones (später Bowie). Die Musiktradition lebt fort in Henry Harrison, Gitarrist und Mellotron-Spieler der

Auf der Themse, über der Themse: Sightseeing vor der gewaltigen Kuppel von St. Paul's

Londons einziger Leuchtturm ziert
Trinity Buoy Wharf

Take me to the river: Kleine Weltumseglung gefällig? Zumindest ein Gefühl von den beengten Verhältnissen auf hoher See vermittelt die „Golden Hinde", eine Nachbildung des im 16. Jh. erbauten Flaggschiffs von Francis Drake im St. Mary Overie Dock in Southwark

Natürlich muss man den Flüssen trauen, aber Kontrolle ist sicherer: Mit 520 Meter Breite ist die Thames Barrier die größte bewegliche Sturmflutbarriere der Erde

---

See you: 2099

Zehn Minuten Fußweg vom India Quay markiert eine Riesen-Boje den Eingang zum Trinity Buoy Wharf; dorthin geht's vorbei an einem kleinen Naturschutzgebiet, wo früher die Teeclipper-Schiffe des Kolonialhandels anlegten.

Die „Container City" – gestapelte bunte Schiffscontainer (mit nur zwei Millimeter dicken, aber superstarken Wänden) im Modul-System, einfach zu bauen, günstig zu mieten, zu 80 Prozent recycelt und mit maritimen Bullaugen-Fenstern – bietet 350 kreativen Londonern Workshops und Wohnraum. Ein flammend rotes Feuerwehrboot dient einem Fotografen als Studio, eine irischstämmige Mosaik-Künstlerin grüßt freundlich aus ihrem bunt glitzernden Atelier. Wer an einem Wochenende die Leuchtturmtreppe hochsteigt, hört eine Aufnahme tibetanischer Glocken, die zum Millennium so programmiert wurde, dass sich die Sequenz erst in hundert Jahren wiederholt.

Indie-Band Mystery Jets. Und wo sind die Themsenaale geblieben? Jellied eels, Aale in Gelee, eine traditionelle East-End-Delikatesse, gekocht in Fischbrühe mit Muskat, Zitronensaft und Röstgemüse, werden immer noch in einigen altmodischen „Pie & Mash"-Shops serviert.

PADDELN AUF DER THEMSE

Als sich die Sonne anschickt aufzugehen, sind tatsächlich schon Jogger und Radler hier am Themseufer unterwegs. Eine Kanutin kommt uns entgegen. Routiniert zieht sie ihr Paddel durch das spiegelglatte Wasser und grüßt in frühmorgendlicher Kameraderie. Die ersten Sonnenstrahlen tauchen ein Hausboot, zusammengestoppelt aus Holz und Planen, in ein weiches Licht. Auf dem Boot herrscht ein dekoratives Chaos, ein alter Staubsauger dient als Pflanztopf, durchs Steuerhausfenster sieht man den bärtigen Kapitän am Handy. Später kommen uns Ausflugs- und Pendlerboote entgegen, rostige Kutter, die nur Möwen und Kormoranen als Sitzgelegenheit zu dienen scheinen, Polizeiboote auf Patrouille oder auch mal eine Ruder-Crew im Training.

DIE BRÜCKEN AM FLUSS

Auch unter den Brücken, die über die Themse führen, gibt es „Stars". Eine davon, die Tower Bridge, ist sogar so etwas

wie ein Superstar. Die älteste ist die London Bridge – bis zum Bau der Westminster Bridge im Jahr 1750 war sie die einzige Brücke der Stadt. Die grün gestrichene Hammersmith Bridge flussabwärts erlangte traurige Berühmtheit dafür, dass unter ihr eine Splittergruppe der IRA 1996 die größte Bombe ihrer Geschichte anbrachte. Verständlich, dass viele Londoner die Albert Bridge beim noblen, fast dörflichen Chelsea vorziehen, deren schmiedeeiserne Türme in dekorativen Pastelltönen gehalten sind. Auf einer Bootsfahrt in Richtung Chelsea fand übrigens im Jahr 1717 die Weltpremiere der „Wassermusik" statt, komponiert vom Wahllondoner „George Frideric Handel" zu Ehren Georgs I., des ersten Hannoveraner Königs auf dem englischen Thron.

Den besten Überblick verschafft man sich bei einer Fahrt in den gläsernen Kapseln des London-Eye-Riesenrads gleich neben der Westminster Bridge. Noch Mutigere steigen am Pier im Windschatten des Riesenrades in eines der leuchtend-orangen „Festrumpfschlauchboote" (Rigid Inflatable Boat) für eine Sightseeingfahrt Richtung Docklands.

Norman Fosters schlanke „Millenniumsbrücke" reiht sich ein in den Reigen der Londoner Brücken. Das Prestigeprojekt schuf eine Verbindung zwischen Tate Modern und St.-Paul's-Kathedrale.

Oben: Canary Wharf, ein riesiger Bürobautenkomplex im Herzen der Docklands, ist das „Manhattan" Londons.
Unten: Die Lichter der Großstadt sieht man beim nächtlichen Blick von Trinity Buoy Wharf auf die Docklands.

Special GREENWICH

Alles zurück auf Null

Besucher im schicken Planetarium des Royal Observatory in Greenwich

Am Themseufer in Greenwich – „Grennitsch" ausgesprochen, nicht „Grien-witsch" – in Südwest-London schnuppert man schon Meeresluft. Läge da nicht die Londoner Skyline vor einem ausgebreitet, könnte man das Gefühl haben, die Stadt hinter sich gelassen zu haben. Greenwich Palace, wo Henry VIII. 1491 und seine Tochter Elizabeth I. 1533 geboren wurde, ist heute Teil des von Sir Christopher Wren erbauten Old Royal Naval College. Inigo Jones' schlichtes Queen Anne's House von 1635, einem italienischen Palast nachempfunden, war Englands erstes neoklassizistisches Gebäude und läutete die palladianische Renaissance-Architektur ein. Im spiralförmigen „Tulpen-Treppenhaus" soll es kräftig spuken; ein Foto von 1966, auf dem eine wabernde Gestalt sich am Geländer hochzuziehen scheint, gilt als eines der besten Geisterfotos, die je aufgenommen wurden … Dass sich die Welt an der „Greenwich Mean Time" orientiert,

ist einer willkürlich festgelegten Konvention zu verdanken. Heute lassen sich Besucher lächelnd (und nach Zahlung einer Gebühr) mit einem Bein in der östlichen, mit dem anderen in der westlichen Hemisphäre ablichten; nachts markiert ein grüner Laserstrahl den Verlauf des Nullmeridians am Himmel.

Die faszinierende Geschichte des Uhrmachers John Harrison, der in den 1770er-Jahren mit seiner genialen Seeuhr das trickreiche Längengrad-Problem löste – dadurch waren Schiffe zur Positionsbestimmung nicht mehr nur auf den Himmel angewiesen –, fand dank Dava Sobels Bestseller-Roman „Longitude" (auf Deutsch: „Längengrad") ein weltweites Publikum. Auch heute noch fällt auf dem Dach des Observatoriums um ein Uhr mittags der große rote Zeitball. Inzwischen braucht ihn kein Seefahrer mehr, um seinen Chronometer zu checken, aber versuchen Sie mal, in England mit einer Tradition zu brechen …

KICK IT LIKE BECKHAM

Weiter flussabwärts, wenn die Themse breiter wird, dreht der Speedboot-Käpt'n voll auf; da heißt es „hold on tight!", wenn sich in den Kurven die versammelten Hintern der Passagiere von der Sitzbank heben. Rechter Hand, auf der Greenwich Peninsula, versucht der „O2"-Entertainment-Komplex mit Mega-Events und einem Popmusik-Museum die Erinnerungen an seine Vergangenheit als unrühmliches Jahrtausendwechselprojekt und Geldgrab namens „Millennium Dome" vergessen zu machen. Einen Bolzkick von Richard Rogers' riesigem Zeltobjekt entfernt trainiert die „David Beckham Academy" die Fußballstars von morgen. Beckham selbst kickte als Kind um die Ecke in Chingford. Am Themsepfad entlang, zwischen auffliegenden Möwen und schaukelnden Booten vor Anker sowie mit dem Wolkenkratzer-Panorama von Canary Wharf im Rücken, schnuppert man bereits Meeresluft, und in ihrem Mündungsgebiet bei Tilbury spannt die Themse schon fast 800 Meter.

Wo heute Containerschiffe ihre Ladung löschen, wurde im 13. Jahrhundert die erste Fährverbindung über die Themse etabliert. Heute formiert sich im „Thames Gateway" – den 60 Kilometern zwischen East London und der Flussmündung – ein Knotenpunkt urbaner Entwicklung: 1,6 Millionen Menschen leben hier; auf regeneriertem industriellem Brachland entsteht neuer Wohnraum; der neue Eurostar-Bahnhof Ebbsfleet ist in Betrieb. Sogar der eigene Akzent – das dem Cockney ähnelnde klassenübergreifende „Estuary English" („Wicked, innit!", in etwa: „Super, wa'!") – wird selbst von Zara Phillips, Enkelin der Queen, gesprochen.

Vater Themse birgt noch viele Geheimnisse: Kilometerlange Treidelpfade begleiten den Fluss, Tunnel unterwandern ihn. Lost rivers, „verlorene Flüsse", fließen ihm zu, unbemerkt, unter den Füßen der Touristen. Flüssige Geschichte eben, *liquid history*.

Das öffentliche Wohnzimmer

„Die Menschheit hat bis heute nichts Besseres erfunden, das so viel Glück erzeugt wie eine gute Taverne oder ein Inn": So Samuel Johnson, nach Shakespeare der am zweithäufigsten zitierte britische Dichter, Kritiker und Gelehrte. Das Wort „Pub" war zu der Zeit noch nicht erfunden, aber im heutigen London ist der Pub eine gesellschaftliche Institution.

Das Wort „pub", die Abkürzung von „public house", stammt aus viktorianischer Zeit, die Sperrstundentradition aus dem Ersten Weltkrieg, als die Munitionsarbeiter nüchtern bleiben sollten. Manche Londoner Pubs mögen so wirken, als sei die Zeit stehen geblieben, aber die Publandschaft ändert sich ständig. In den 1990er-Jahren entstanden große Pub-Ketten wie „All Bar One" mit recht seelenlosem Dekor und dem erklärten Ziel, so viel Volk wie möglich reinzupacken, das, sich an teuren Import-Flaschenbieren festhaltend, über laute Musik hinweg anschreit – je lauter man sprechen muss, desto kratziger die Kehle, desto durstiger, desto mehr Umsatz.

Junger Stil im Jugendstil-Pub Blackfriars – eine der besten Pub-Adressen der Stadt

PUB-KNIGGE UND PUB-JARGON

Man holt sich seine Drinks selbst an der Theke, Trinkgeld geben ist nicht üblich. Kein Londoner Mann lässt sich mit einem *half-pint* sehen, es muss ein Pintglas sein, das etwa einen halben Liter hält. Ein paar Tütchen Chips oder Nüsschen helfen, eine Grundlage zu schaffen. In Gruppen werden Runden *(rounds)* abwechselnd gekauft („*that's my round*" oder „*this one's on me*"). Wenn Sie irgendwo „Real Ale" angeschrieben sehen, dann erwartet Sie mehr als Budweiser und Stella Artois – also bizzeliges lager. Die Leute, die nach zehn Pints und der Schließung des Pubs (meist 23.00 Uhr) auf der Straße Streit suchen, heißen dementsprechend *lager louts*. Ein in London gebrautes helles Ale ist Fullers „London Pride"; wechselnde Biere heißen „Guest Ales". Manche

Pubs haben ein kleines Schild an den Zapfhähnen: „Sip Before You Sup". Das heißt, man darf ein Schlückchen probieren, bevor man sich entscheidet. Der Stammpub ist das *local*, Kunden heißen *punters* und ein Stammkunde *regular*. Übrigens ist es in Londoner Pubs gar nicht so einfach, mit den *regulars* ins Gespräch zu kommen. Diese, aber auch Gruppen von Arbeitskollegen oder Freunden, sind nicht unbedingt darauf aus, Touristen in ihren Abend mit einzubeziehen: Wenn die Glocke ertönt und gerufen wird, „Time, Gentlemen!", ist es Zeit für die letzte Runde, *last orders*.

DIE BESTEN DREI

The Anchor 34 Park Street, Tel. 35 82 48 03. Weitläufiger touristischer Pub mit Terrasse, im 18. Jh. restauriert, doch ursprünglich aus dem 17. Jh.
Blackfriars 174 Queen Victoria Street, Tel. 72 36 54 74. Gemütlicher Jugendstil-Pub an der Blackfriars Bridge. Wenn Sie in nur einem Pub Station machen, dann gerne hier.
Bull & Last 168 Highgate Road (gegenüber Parliament-Hill-Parkeingang), Tel. 72 67 89 55, www.thebullandlast.co.uk. Von der Kritik zu Recht gefeierter Country-Style-Gastropub.

Mit einem Pint Bier in der Hand werden Deals besiegelt, Romanzen begonnen …

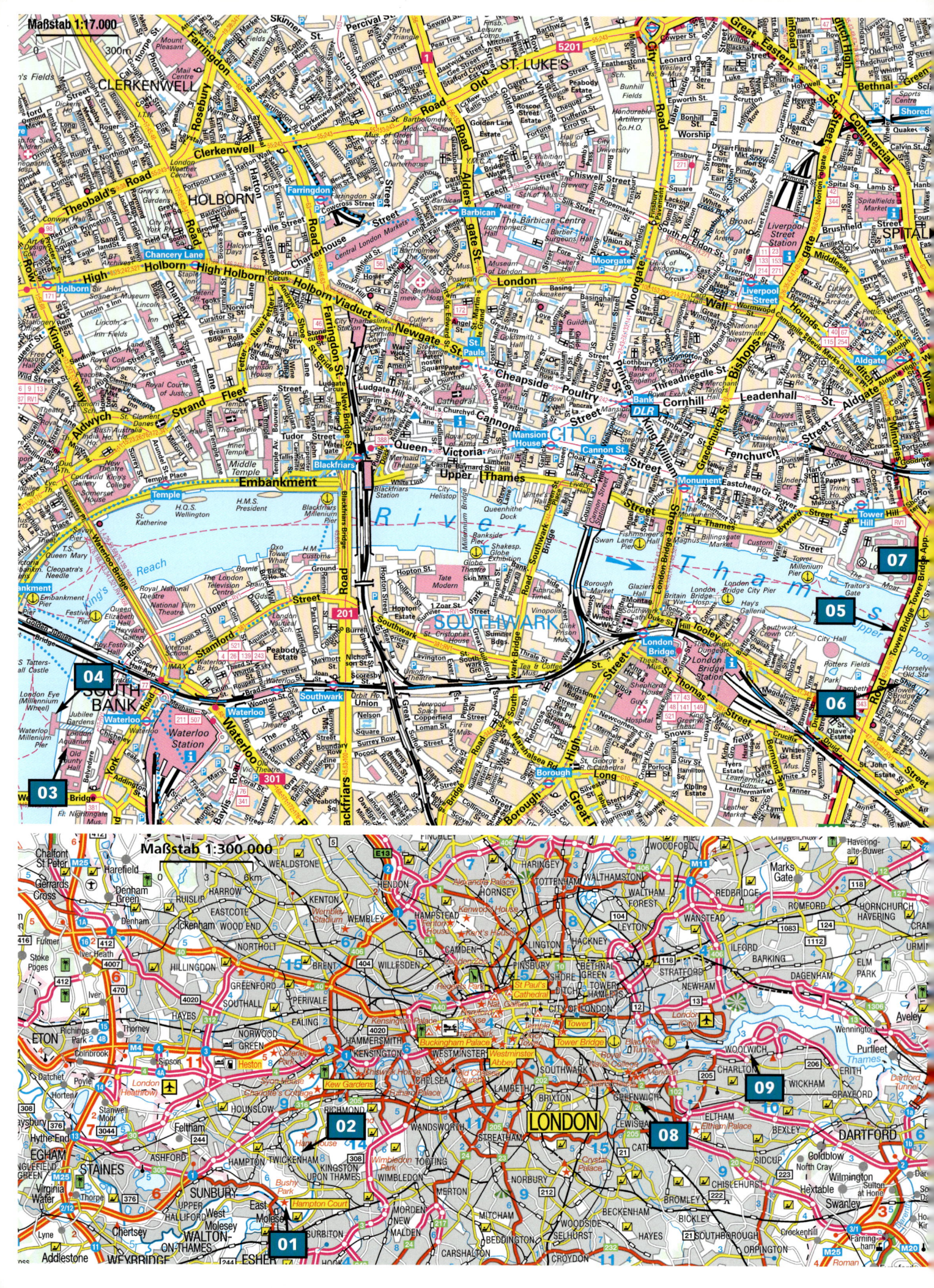

Infos

Die Lebensader der Stadt

Ohne die Themse, meint Peter Ackroyd, der sowohl der Stadt als auch dem Fluss je eine monumentale Biografie widmete, wären London und das britische Empire nicht denkbar. Wie kein zweiter ist der Fluss aufgeladen mit Historie und Histörchen – und wie kein zweiter lädt er dazu ein, seine eigene(n) Geschichte(n) zu erleben.

01 – 09 THEMSE-HIGHLIGHTS

Boots- und Schifffahrten

Sightseeing-Boote wie z.B. von City Cruises (Tel. 77 40 04 00, www.citycruises.com) legen an den folgenden Pieren an: Westminster, London Eye, Waterloo, Tower, Greenwich.
Pendlerboote sind eine schnelle und billige Alternative. Sie verkehren z.B. zwischen Putney und Blackfriars. Schön ist die Strecke nach Kew Gardens oder Hampton Court (Transport for London, Tel. 72 22 12 34, www.tfl.gov.uk). Das **„Tate-to-Tate"-Schnellboot** (www.tate.org.uk/visit/tate-boat) verbindet die Tate Gallery (oder Tate Britain, Millbank) und die Tate Modern (Bank).
Kajakfahrten sind möglich auf der Themse (Tel. 0208 3 61 30 09, www.londonkayaktours.co.uk), von Hampton Court Palace etwa 90-minütige Touren am Palast und in Windsor, sommers mit einem Glas Champagner oder Pimms-Cocktail. Alternativ dazu kann man auch auf einem anderen Londoner Wasserweg,

Battersea Power Station: Das Kraftwerk gehört zu den von Pink Floyd geadelten London-Icons

dem Regent's Canal, gemütlich paddeln – vorbei am London Zoo mit Lord Snowdons berühmter Aviary-Volière.
Speedbootfahrten vom London Eye bis zu Canary Wharf (RIB Voyages, 47 York Road, Tel. 79 28 89 33, www.londonribvoyages.com) bedeutet Sightseeing auf der Themse „mit einem Schuss James-Bond-Feeling", ist aber nichts für Leute mit Rückenproblemen oder Angsthasen: Wenn sich das Boot bei dreißig Knoten in die Kurve legt, gibt's kein Aussteigen mehr … Vielleicht lassen Sie sich aber auch einfach mit der neuen **Seilbahn**, die Greenwich (North Greenwich Station) und die Royal Docks (Light Railway Station) verbindet, über die Themse schaukeln.

Sehenswert

Gleich zu Beginn unserer Fahrt begegnen wir der Krone – genauer gesagt einem der schönsten englischen Königspaläste, der in den Jahren 1514 bis 1520 für Kardinal Wolsey errichtet wurde: **01 Hampton Court Palace ▶TOPZIEL** (East Molesey, 25 km südwestl. der City, Themseboot: Hampton Court Bridge, Bahn: Hampton Court ab Waterloo Station, www.hrp.org.uk/HamptonCourtPalace, tgl. 10.00–18.00 Uhr). Nachdem der Kardinal bei Heinrich VIII. in Ungnade gefallen war, weil er dessen Scheidung von Katharina von Aragón nicht zustimmen wollte, „fiel das Schloss", wie man so schön sagt, „an die Krone". Zählen Sie die dekorativen roten Backsteinschornsteine, entdecken Sie die wunderschöne königliche Kapelle, spazieren Sie im Garten und verlieren Sie sich (und andere) im berühmten Labyrinth. Wie heißt es doch in Jerome K. Jeromes Themsen-Klassiker aus dem Jahr 1889 „Drei Mann in einem Boot"? „Einfach immer die erste Abbiegung rechts nehmen …" Wo früher die Party- und Konzertgänger auf wackeligen Booten übersetzen mussten, ist die exzentrische Wohninsel in der Themse, **02 Eel Pie Island** (Bahn: Twickenham), heute per Fußgängerbrücke zu erreichen. Wandern Sie einfach ein bisschen umher zwischen den originellen kleinen Wohnhäu-

Tipp

Erlesene Themse

Londons berühmtester Chronist Peter Ackroyd hat mit **Die Themse – Biografie eines Flusses** (München 2008) den Rundumschlag zum Thema verfasst. Wer weniger Zeit hat – und sein Englisch auffrischen will –, der greift zu Stephen Croads Foto-Essay **Liquid History – The Thames Through Time** (Batsford, 2003). Hans-Günter Semseks **Die Themse – ein Reisebegleiter** (Frankfurt am Main 2008) führt seine Leser auf den Spuren von Virginia Woolf, Oscar Wilde, Uwe Johnson & Co. am Flussufer entlang. Übrigens: Im erfolgreichsten der Edgar-Wallace-Filme, „Gasthaus an der Themse", 1962 gedreht mit Joachim Fuchsberger und Klaus Kinski, führen die Ermittlungen der Flusspolizei zur „Flußratten"-Gang in ein ominöses Gasthaus. London tritt hier allerdings nur mit Archivbildern auf – die Außenaufnahmen wurden in Hamburg gefilmt …

Im Kajak unter der Millennium Bridge

Infos

Englische Baukunst in Vollendung und ein wunderschöner Schlosspark: Hampton Court Palace

sern, schauen Sie vielleicht einem Bootsmann bei der Reparatur zu oder geben Sie sich dem britischen Nationalsport der (Wasser-)Vogelbeobachtung hin. Die gemütlichen Pubs am Ufer bedienen oft Rugbyfans; in Twickenham steht das nationale Rugbystadion (mit Museum)!

Das **03 London Aquarium** (County Hall, Westminster Bridge Road, U-Bahn: Westminster, Boot: Westminster Pier, Tel. 79 67 80 00, www.visitsealife.com/london, Mo.–Do. 10.00 bis 18.00, Fr.–So. bis 19.00 Uhr) lädt ein zu einem Besuch auch der Themse-Unterwasserwelt. Neu sind mehrere „Behind the Scenes"-Touren tgl. für einen Blick hinter die Kulissen.

Eine im wahrsten Sinne des Wortes hochfliegende Attraktion ist das **04 London Eye** (Jubilee Gardens, U-Bahn: Westminster, Boot: Westminster Pier, www.londoneye.com, tgl. April bis Juni ab 10.00, Juni u. Sept. bis 21.00, Juli/Aug. bis 21.30 Uhr bzw. Mitternacht). Das 135 Meter hohe Riesenrad mit den großen Glaskapseln symbolisiert das neue London.

Es lohnt sich, eines der berühmtesten Wahrzeichen der Stadt, die **05 Tower Bridge ▶TOP-ZIEL** (Tower Hill, U-Bahn: Tower Hill, Boot: St Katherine's Pier), von innen zu erkunden. Die Tower Bridge Experience (www.towerbridge.org.uk) erlaubt einen Gang über die größte Klappbrücke der Welt, 1894 fertiggestellt. Die Türme kann man besteigen – Panoramablick!–, zudem erfährt man viel über den technischen und historischen Background. Direkt im Anschluss ist die enge, atmosphärische, kopfsteingepflasterte Uferstraße mit ihren eisernen Übergängen zwischen den Lagerhäusern **06 Shad Thames** das am besten erhaltene Überbleibsel von Londons Vergangenheit als Anladeplatz für Tee und Gewürze aus aller Welt. Sandwichbars und Cafés beherrschen das Bild. Lohnenswert: eine Ausstellung im coolen Design-Museum (www.designmuseum.org) am Ende der Straße mit originellen Souvenirs.

Die Geschichte der Themse von der Römerzeit bis zur urbanen Regenerierung der Docks wird spannend aufbereitet im **07 Museum of London Docklands** (außerhalb des City-Plans, 1 Warehouse West, India Quay, Bahn: West India Quay, Boot: Canary Wharf Pier, Tel. 70 01 98 44, www.museumoflondon.org.uk/docklands). Untergebracht ist es in einem ehemaligen Lagerhaus aus dem 18. Jahrhundert. Die Rolle des Sklavenhandels für den Reichtum des Empires wird in den „London, Sugar & Slavery"-Gallerien herausgearbeitet. Mischen Sie sich unter die Büroarbeiter von Canary Wharf gegenüber im Windschatten der Wolkenkratzer und machen Sie sich in der eleganten führerlosen Docklands Light Railway (DLR) ein Bild vom sich stetig wandelnden einstigen Hafengebiet. Für **08 Greenwich** (DLR: Cutty Sark, Boot: Greenwich Pier, www.thamesclippers.com) nehmen

DuMont Aktiv

Eine Brücke als Wahrzeichen: Tower Bridge

Sie sich am besten einen ganzen Tag Zeit. Von Greenwich Park entfaltet sich ein spektakulärer Blick auf die Londoner Skyline. Die beliebteste Attraktion hier ist der Nullmeridian im **Royal Observatory** (kostenpflichtig); das Planetarium ist außen wie innen „state of the art". Das **National Maritime Museum** (Romney Road, Tel. 88 58 44 22, www.nmm.ac.uk) erzählt Englands nautische Historie; zu sehen sind u.a. Admiral Nelsons Uniformjackett von der Schlacht von Trafalgar, Globen und Karten, maritime Kunst. Das **Queen's House** nebenan war Englands erstes neoklassizistisches Gebäude, erbaut von Inigo Jones 1614–1617. Beeindruckend auch die Deckengemälde der Painted Hall in Christopher Wrens barockem **Old Royal Naval College** (Cutty Sark Gardens, Tel. 82 69 47 47, www.ornc.org).

Das historische **Cutty-Sark-Schiff** (www.rmg. co.uk) brannte 2007 aus; über die Planken des schnellsten „tea clipper" kann man nach Restaurierung wieder laufen. Der 370 Meter lange Fußgängertunnel unter der Themse – Eingang in Cutty Sark Gardens – ist rund um die Uhr geöffnet (und ziemlich gruselig). Sonntagabends starten die Greenwich-Sightseeing-Cruises-Bootsfahrten (www.viscountcruises.com).

Weiter flussaufwärts – unterwegs grüßt **Trinity Buoy Wharf** vom gegenüberliegenden Ufer (The Riverside Building, 64 Orchard Place, www.trinitybuoywharf.com, DLR: West India Quay, Pendlerboot von North Greenwich) – bieten die futuristisch silbern schimmernden Maschinenhäuser der **09** **Thames Barrier** (1 Unity Way, Woolwich, U-Bahn: North Greenwich, dann Bus 161 oder 472) nicht nur Technik-Interessierten einen unvergesslichen Anblick. Ideal ist es, per Boot anzureisen (www. westminsterpier.co.uk).

Auf Schatzsuche

In zweitausend Jahren Stadtgeschichte hat sich am Flusslauf so einiges angesammelt, was Römer, Angelsachsen, Viktorianer und neuere Generationen so ins Wasser warfen oder über Bord kippten. Beim organisierten „beachcombing", „Strandkämmen" also, können Besucher die Archäologie dieses historischen Flusses ganz praktisch studieren.

Wer bei Ebbe das Themse-Ufer betrachtet, der kann oft Menschen mit konzentriertem Gesichtsausdruck über den Kieselstrand laufen sehen: „Mudlarks", ornithologisch gesehen „Drosselstelzen", hier besser wörtlich übersetzt als „Schlammstelzer". An unterschiedlichen Tagen – je nach Gezeitensituation – kann man sich einer organisierten Schatzsuche am Themse-Strand anschließen. Was lässt sich nun finden? Knochen, mittelalterliche und römische Dachziegel, Fragmente elisabethanischer Tonpfeifen, viktorianische Porzellanscherben ... Unter der Leitung einer auf die Gezeitenzone spezialisierten Archäologin schwärmen Amateur-Schlammstelzer aus und lassen ihre Fundstücke identifizieren. Einer der Favoriten von Dr. Fiona ist ein römischer Dachziegel mit den Pfotenabdrücken eines römischen Welpen: Vor 1800 Jahren ist er über einen Ziegel getrampelt, der für den Brennofen vorgesehen und deshalb noch nicht gehärtet war. Ein „Beachcombing-Walk" garantiert ungewöhnliche Souvenirs – ein Stück Londoner Geschichte. Die potenziellen Funde ändern sich bei Gezeitenwechsel. Na dann: good luck!

Wer suchet, der findet

WEITERE INFORMATIONEN

Ausgangspunkt: Ausgang („exit") Nr. 3 der U-Bahn-Station Blackfriars oder Ausgang Nr. 1 der U-Bahn-Station Mansion House

Dauer: 2 Std., meist am Wochenende vormittags

Kosten: £ 9, Kinder unter 15 Jahren gratis

Ausrüstung: feste Schuhe, je nach Saison Regenkleidung, ein Beutel für Ihre Fundstücke

www.walks.com

Oasen im urbanen Alltag

Es grünt so grün in London Town: Wussten Sie, dass London die grünste aller europäischen Großstädte ist? Ein Fünftel der Stadt sind Grünflächen – Inseln der Sehnsucht nach Natur. Letztere trifft sich mit der tief verwurzelten Verbindung der Engländer zur countryside, oder um es anders auszudrücken: eine Ahnung vom Land, mitten in der Stadt.

Der St. James's Park, einst ein königliches Jagdrevier, bot schon zu diversen Spielfilmen die Kulisse, etwa „Match Point" von Woody Allen

Das Albert Memorial im 1728 bis 1731 angelegten, seit 1841 auch öffentlich zugänglichen Park Kensington Gardens

Hausboote auf dem im Jahr 1820 eröffneten Regent's Canal: Ursprünglich sollte er mitten durch den gleichnamigen Park führen, nun macht er einen Bogen drum herum.

Die Luftaufnahme zeigt die älteste, wohl auch schönste grüne Insel der Stadt: den St. James's Park, den Heinrich VIII. 1532 zum Jagdrevier erkor.

Im Allgemeinen ist das Grün in London demokratisch, und nirgendwo sonst zeigt sich das so wie in den Parks: Büroarbeiter schlürfen ihren Starbucks-Latte aus Styroporbechern, junge Männer umkringeln Jobanzeigen in der Zeitung, Au-pairs aus der Ukraine und Polen schieben Kinderwagen die Wege entlang, während Inlineskater schwungvoll Kreise ziehen.

LONDONS GRÜNES HERZ

Hyde Park ist die größte und bekannteste der Londoner Grünflächen. Heinrich VIII. kaufte sie den Mönchen von Westminster Abbey 1536 ab und ließ sich einen Jagdpark anlegen. 1665 flohen Londoner hierher, in der Hoffnung, der Pest zu entkommen, die in der Stadt wütete. Heute ist der Hyde Park – mit einer Fläche von 2,5 Quadratkilometern größer als das Fürstentum Monaco – das grüne, weite Herz der Stadt. An der Ostseite des Parks, zwischen Lovers Walk und Park Lane, erinnert ein Monument an die Opfer der Bombenanschläge vom 7. Juli 2005: 52 frei stehende Stelen aus rostfreiem Stahl. So verändert sich das visuelle Bild der Parks nicht nur mit den Jahreszeiten. Jedes Jahr wird zum Beispiel der Sommerpavillon der Serpentine Gallery in Kensington Gardens, vom Hyde Park durch den Serpentine-Teich getrennt, von einem anderen renommierten Architekten neu aufgebaut, in der Vergangenheit etwa von Frank Gehry oder Herzog & de Meuron mit Ai Weiwei. Ebenfalls in Kensington Gardens erinnert die elegant geschwungene Diana Memorial Fountain aus weißem Granit an die Princess of Wales.

LANDLEBEN INMITTEN DER STADT

Wenn Sie die U-Bahn-Station Hampstead im Londoner Norden verlassen und die erste Straße, die rechter Hand abbiegt, hinunterlaufen, fühlen Sie sich wie in einem englischen Dorf. Hübsche Backsteinhäuser säumen die baumbestandenen Straßen, überall gibt es liebe-

Karl Marx appelliert noch auf seinem Grab (Highgate Cemetery) an die Arbeiter der Welt, sich zu einen.

Blick über den See mit den berühmten Pelikanen beim Buckingham Palace

Londons Hyde Park ist ideal für eine kleinere Verschnaufpause

Von Engeln bewacht: Highgate Cemetery

> *„All the people, so many people, they all go hand in hand, hand in hand through their Parklife."*
>
> Blur

voll gehegte Details und gepflegte Topfpflanzen zu entdecken. Vor einem Blick in die Aushänge der Immobilienagenturen sollte man allerdings tief durchatmen: Dies ist eine der teuersten Wohngegenden der Stadt, die Liste illustrer Wahlhampsteader lang. Elias Canetti lebte hier, Sigmund Freud zog 1938 nach Hampstead, um „in Freiheit zu sterben" – seine berühmte Couch kann im Museum besichtigt werden. In der Nähe, Richtung Heath, erinnert eine blaue Tafel an einen der berühmtesten englischen Landschaftsmaler, John Constable, begraben um die Ecke auf dem Friedhof St. John's. Hangaufwärts kreuzen bald schon die Hampsteader den Weg – mit Gummistiefeln, *wellies*, deren Design vom klassischen Country-Grün bis hin zum Leopardenmuster reicht –, während fünf weiße, schlanke, frisierte und sicherlich preisgekrönte Pudel im Laub stöbern. Vor der cremeweißen Fassade von Kenwood House bauschen sich Wolken, Familien lassen Drachen steigen, schon Marx brachte seine Familie zum Picknick hierher.

KLEIN, ABER FEIN

Londoner Parks müssen nicht groß sein, um zu faszinieren: Es gilt, städtische Oasen zu entdecken wie Bunhill Fields (von „bone hill", „Knochenhügel"), wo Cityworker ihre Designer-Sandwiches auf Parkbänken auswickeln in der Gesellschaft verstorbener Nonkonformisten, die in der anglikanischen Staatskirche keinen Platz fanden. Die berühmtesten Grabsteine gehören William Blake und Daniel Defoe. Oder wie wär's mit dem Postman's Park? Um die Ecke von St. Paul's Cathedral erinnern hier mehr als 50 Royal-Doulton-Keramiktafeln an tapfere Viktorianer, die ihr Leben bei guten Taten gelassen haben, unter ihnen auch Kinder.

IM HAUSGARTEN DER QUEEN

Wie sich das gehört, regiert Queen Elizabeth II. mit Buckingham Palace Gardens den größten Privatgarten der Stadt samt schönem alten Baumbestand und über 350 Wildblumenarten. Wenn die Königin anwesend ist, lässt ihr der Gartenmanager jeden Montagmorgen ein Gebinde mit den interessantesten aktuell blühenden Pflanzen zukommen. Auf dem Tennisplatz hier spielte schon George VI. gegen Fred Perry – den letzten britischen Wimbledon-Gewinner im Jahr 1936 –, einer Zeit, da Männer noch lange Hosen trugen. Archäologische Ausgrabungen förderten unter anderem eine rund 6000-jährige Feuersteinklinge und einen viktorianischen Diamantring zutage sowie einen Teil des Flusses Tyburn, der immer noch unter dem Palast fließt. Leider haben Normal-

„Go green": Die Londoner lieben ihre Parks, ob den St. James's Park (oben) in der City of Westminster oder den Greenwich Park (unten) im gleichnamigen Londoner Stadtteil

Gärtnern für Empire und Krone

Die Geschichte der zum UNESCO-Welterbe zählenden königlichen botanischen Gärten in Kew, die sich rund 15 Kilometer vom Zentrum auf über 120 Hektar am Themseufer erstrecken, ist die Geschichte eines sehr britischen Pioniergeistes.

Einst beugten sich hier viktorianische Botaniker über das Samengut für Pflanzungen in den britischen Kolonien: Kakao in Ghana, Kaffee in Kenia und Jamaica, Tee in Assam. Die Gummibaumsamen wurden kurzerhand von britischen Botanikagenten aus Brasilien geschmuggelt und hier für ihren Dienst am Empire auf den Pflanzungen in Ceylon und auf Malaysia vorbereitet. Heute tragen die Forscher von Kew weltweit zur Erhaltung der Biodiversität bei, unter anderem mit einer rund 24 000 Arten umfassenden Samenbank, und machen die Kohlenstoffdioxid-Absorptionskapazität der Pflanzen besser nutzbar für den Kampf gegen den Treibhauseffekt. Das älteste Gebäude auf dem Gelände ist die chinesische Pagode von

Beim Treetop Walk in 18 Metern Höhe

1761; sie stammt noch aus der Zeit der Gründerin, Prinzessin Augusta von Sachsen-Coburg. Aus etwa derselben Zeit stammen auch die ältesten Exemplare der Platanen. Das Princess of Wales Conservatory birgt zehn Klimazonen, im viktorianischen Palm-House-Gewächshaus, einer eleganten Konstruktion von 110 Metern Länge aus Schmiedeeisen und handgeblasenen Glasscheiben, kratzen exotische Palmen an der hohen Decke.

sterbliche nur im August und September Zugang zu einem winzigen Teil des Gartens, wo sich auch Gift Shop und Eiskrem-Zelt befinden.

GO GREEN

Die Londoner recyceln zwar nur um die 25 Prozent des Haushaltabfalls – weniger als der Landesschnitt –, aber *go green* ist ein aktuelles Schlagwort der Mittelschicht. Jedes Jahr treffen sich die besten Blumenzüchter zum prestigeträchtigen Chelsea-Flower-Show-Wettbewerb; auf einem Stück Landaushub entstand mit der Mudchute Park and Farm der größte innerstädtische Bauernhof Europas. 2008 eröffnete in King's Cross die erste ökologische Disco der Welt: Die Tanzfläche generiert ihre eigene Energie, die Clubbers schlürfen Öko-Drinks aus Recyclingbechern. Alles nur Gimmicks? Das wird sich zeigen. Ein beständigerer Trend ist wohl *urban gardening* – Gärtnern auf kleinem Raum, mit frischen Kräutern auf dem Fensterbrett und einem Olivenbäumchen im Pott. Und beim *guerrilla gardening* (www.guerrillagardening.org) werden in Nacht- und Nebelaktionen hässliche Zonen mit Samen oder Setzlingen begrünt. Nach dem Motto: „Bekämpfen wir den Schmutz mit Gabeln und Blumen!" Im alliterativen englischen Original hört sich das noch besser an: „Let's fight the filth with forks and flowers!"

IMMER WIEDER: WIMBLEDON

Wimbledon im Südwesten der Stadt präsentiert mit dem Centre Court ein ganz besonderes Stück Grün. Viele Traditionen ranken sich um dieses älteste und prestigeträchtigste Tennisturnier, viele Rituale werden gepflegt: unter Regenschirmen für die Tickets anstehen, Erdbeeren mit Schlagsahne essen und die Live-Kommentare unseres dreifachen Wimbledon-Gewinners Boris Becker in der BBC verfolgen. Die ungeliebte Meldung „rain stops play" hat dank des neuen ausfahrbaren Faltdachs über dem Centre Court mittlerweile ein Ende.

Königlicher Fluchtpunkt: Kew Gardens ist einer der schönsten botanischen Gärten der Welt

Zum Nachmittagstee im Hotel Ritz

Seinen Nachmittagstee im Hotel Ritz zu sich zu nehmen, gehört zu den nicht ganz billigen, aber in jedem Fall erlebenswerten Londoner Traditionen. Serviert wird unter den Kronleuchtern des eleganten silbern und gold schimmernden Palm Courts, leise Klaviermusik schmeichelt dem Ohr, und auf den Tisch kommt einer der besten Tees in London.

Serviert wird das köstliche Nass im Hotel Ritz unter den Kronleuchtern des eleganten silbern und gold schimmernden Palm Courts. Leise Klaviermusik schmeichelt dem Ohr, und auf den Tisch kommt einer der besten Tees in London. Dazu gibt es Gurken- und Lachssandwiches, Scones sowie Miniatur-Patisserien auf silbernen Kuchenplatten. Die Bedienung trägt selbstverständlich Frack und spricht mit einem solchen *upper-class*-Akzent, dass man meint, die sprichwörtliche Pflaume im Mund herumrollen zu hören. Achtung: Herren müssen auch bei glühender Hitze Jackett und Schlips tragen! Keines dabei zu haben ist keine Ausrede – das Haus leiht ihnen etwas Passendes aus.

TEA AROUND THE CLOCK
Es geht natürlich auch etwas schlichter. „Fancy a cuppa?“, „Wie wär's mit einer Tasse Tee?“ – Diese Frage ist morgens zum Aufwachen genauso angebracht wie zu den *elevenses* um elf Uhr herum, am Nachmittag und vielleicht nachts, wenn man vom Pub nach Hause kommt – sowie natürlich in allen Lebenslagen und Krisen, die danach verlangen. Mit gutem Grund: Laut George Orwell macht eine Tasse Tee „weiser, tapferer und optimistischer“, und die Briten sprechen ihm kräftig zu. Bei einem Konsum von über zwei Kilo pro Kopf pro Jahr liegen sie nur knapp hinter den irischen Spitzenreitern.

LONDONER TEAPARTY
Als der Tee – die Blätter und Knospen der immergrünen Camilla-sinensis-Pflanze – Mitte des 17. Jahrhunderts erstmals nach London kam, eingeführt von der portugiesischen Infantin Katharina von Braganza, der unge-

Seit mehr als 300 Jahren die „erste Adresse“ für Tee: Fortnum & Mason (oben). Auch ein Paradies für Teeliebhaber: Twinings (unten).

Als feiner gilt es übrigens, zuerst den Tee und dann die Milch in die Tasse zu gießen.

krönten Gemahlin Charles' II., waren die Preise noch exorbitant. Heute kann man in London sowohl einen Becher für 60 Pence finden als auch den edelsten Weißtee. Tee nimmt eine nicht zu unterschätzende Position in der Gesellschaft ein. Bei Londoner Arbeitern sind *tea breaks* heilig; der Ver-

Wohl dem, der eine Einladung zum Nachmittagstee im Hotel Ritz hat (und nicht selbst zahlen muss).

Laut George Orwell macht eine Tasse Tee „weiser, tapferer und optimistischer", und die Briten sprechen ihm kräftig zu.

kern – „Shall I be mum?", dann möchte er Sie nicht wirklich bemuttern, sondern wissen, ob er allen Anwesenden Tee einschenken soll. Als feiner gilt es übrigens, erst den Tee und dann die Milch in die Tasse zu gießen, obwohl auch da die Meinungen auseinandergehen. Ein gestricktes oder gestepptes *tea cosy* hält die Kanne warm – und ist zugleich ein schönes Mitbringsel, das man in den Haushaltsabteilungen der Kaufhäuser oder in größeren Souvenirläden erhält.

DAS EPIZENTRUM DER FEINEN TEEKULTUR?
Ist London nun das Epizentrum der feinen Teekultur? Jein. Zwar biegen sich die Supermarktregale unter immer neuen Mischungen, biologisch angebauten und fair gehandelten Tees, doch bei den meisten Londonern zu Hause sieht das Teetrinken meist folgendermaßen aus: Wasserkessel an, einen PG-Tips-Teebeutel in den angeschlagenen Lieblingsbecher schmeißen, Wasser drauf, dreißig Sekunden ziehen lassen, den Beutel hin und her bewegen, ausdrücken und fertig. Dann klingelt es an der Tür: Der halb getrunkene Becher wird auf dem Fernseher abgestellt und vergessen. Nichts könnte einer japanischen Teezeremonie ferner sein – Ihren Darjeeling-First Flush müssen Sie schon woanders ordern. Zum Beispiel bei einem Afternoon Tea in einem Hotel: Da gibt es dann feinste Sandwiches und Patisserien dazu, lockere Teebrötchen mit einer Lage Rahm oder mit Erdbeermarmelade. All das ist seit Langem ein festes Ritual der britischen Oberschicht, und in den letzten Jahren gönnt man sich gern auch ein Glas Champagner dazu.

INDISCH ODER CHINESISCH?
Über die Vorzüge indischen und chinesischen Tees lässt sich streiten – die Briten tendieren mehr zum indischen. Aber wussten Sie, dass seit Kurzem auch Tee in England angebaut wird? Single-Estate-Tee aus Cornwall ist in der Feinkostabteilung des berühmten Kaufhauses Fortnum & Mason zu erstehen; allerdings zu Wahnsinnspreisen. Dafür kann man im Diamond Jubilee Tea Salon oben einen ganzen Afternoon Tea bekommen!

such einiger Bosse, die unproduktiven Teepausen zu kürzen, hat schon zu Streiks geführt. Starker Tee, oft ein Assam-Blend aus Yorkshire, wird „builders' tea" genannt, nach der Vorliebe britischer Bauarbeiter für einen Becher des dunkelbraunen Gebräus. In der Regel trinken sie ihn *white* (also mit Milch) und mit zwei Zuckerwürfeln, *two sugars*.

SHALL I BE MUM?
Um den Tee ranken sich alle möglichen Traditionen und Zeremonien. Wenn Sie zum Beispiel bei Londonern eingeladen sind, und jemand fragt – mit ironischem Augenzwin-

DIE WICHTIGSTEN ADRESSEN

Hotel Ritz
150 Piccadilly, Tel. 73 00 23 45,
www.theritzlondon.com
Vorausbuchung empfohlen, vor allem
am Wochenende

Fortnum & Mason
181 Piccadilly, Tel. 0845 3 00 17 07,
www.fortnumandmason.com

Twinings
216 The Strand, Tel. 241 36 67/73 53 35 11,
www.twinings.co.uk, www.twinings.de

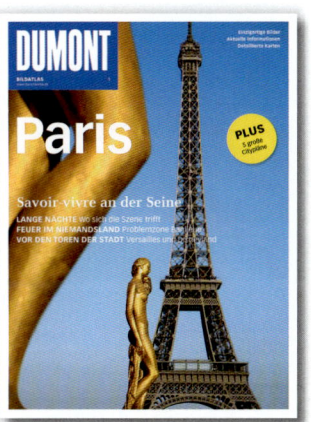

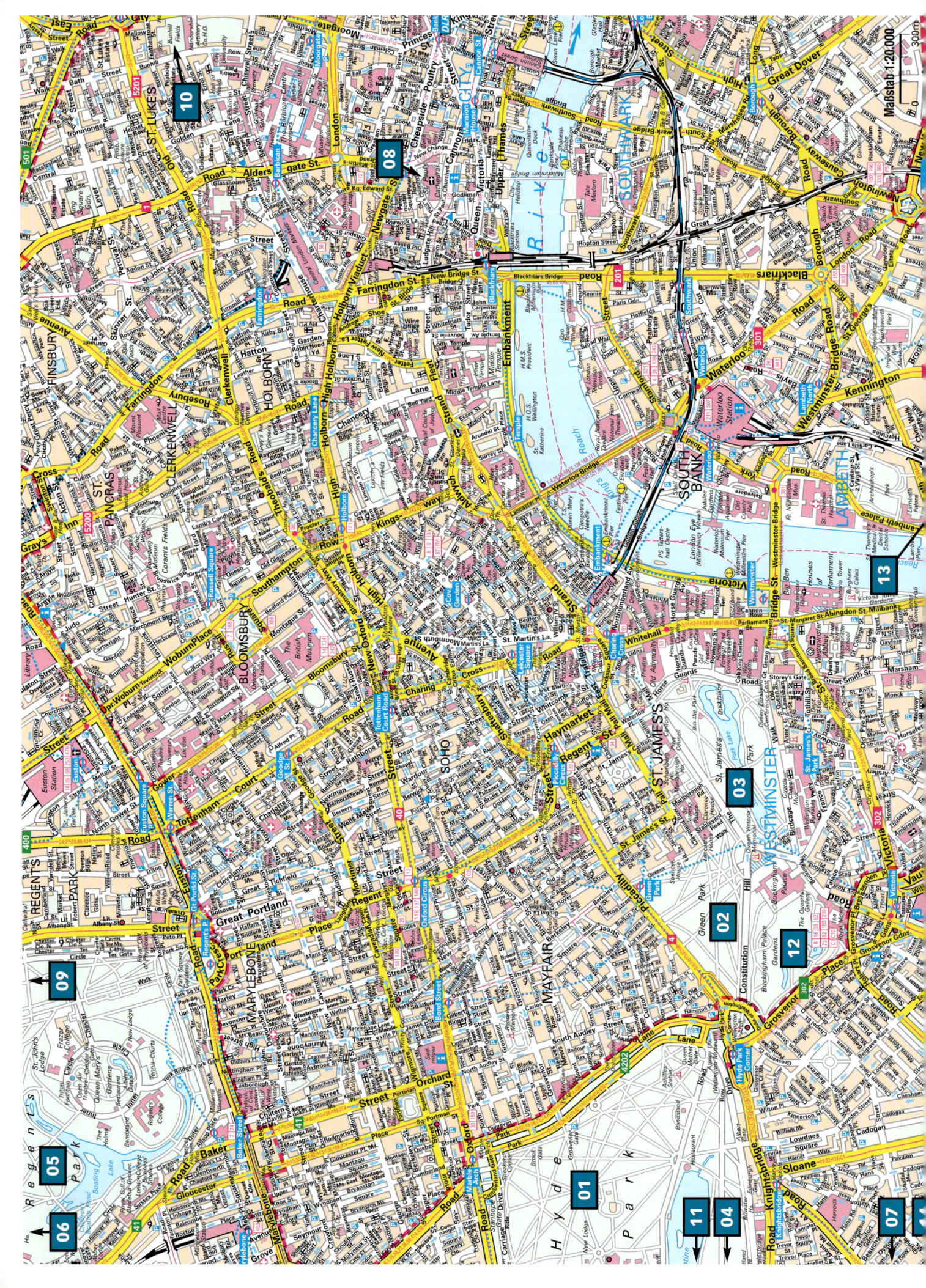

Infos

Die Hochburg des Individualismus

„Anders als andere Weltstädte drängt London seinen Bewohnern keine Lebensweise auf", schrieb Gerd Kröncke einmal, der frühere Londonkorrespondent der „Süddeutschen Zeitung". „Der Snobismus von Paris, die Lebensfreude von Rom, das Geldmachen in New York, all das gibt es auch in London, aber es ist nicht dominierend. London ist die Hochburg des Individualismus." Individuell ist auch das „Parkleben" der Londoner: individuell – und sehr entspannt.

01 – 14 GROSSSTADT-OASEN

„Let's go green": In London müssen Sie nicht weit laufen, um ein Stück Grün zu finden. Die Palette reicht von königlichen Parks und atmosphärischen Friedhöfen über elitär eingezäunte Grünflächen inmitten aristokratischer städtischer Plätze bis zu einem weltberühmten botanischen Garten und Naturschutzgebieten in ehemaligen Industriezonen. Hinzu kommen handtuchgroße Reihenhaus- und (wiederentdeckte) Schrebergärten – Ökologie liegt bei der Londoner Mittelschicht zunehmend im Trend. Unter www.royalparks.org.uk finden Sie Informationen zu allen königlichen Parks.

Sehenswert

Der größte unter den königlichen Parks, der 01 **Hyde Park** ▶TOPZIEL, ist traditionell Veranstaltungsort für Konzerte und Treffpunkt politischer Demonstrationen. An der Speakers' Corner (U-Bahn: Marble Arch, www.speakerscorner.net) am nordöstlichen Ende rufen Redner aller Couleur (vor allem So.) zum Weltfrieden, zur Umkehr oder gegen den Kapitalismus auf. Auch Marx, Lenin und die Suffragettenschwestern Pankhurst sprachen hier schon. Vom neoklassizistischen Triumphbogen des

Freedom of speech: in der Speaker's Corner

Kensington Palace, Dianas letzter Wohnort

Wellington Arch (Apsley Way, U-Bahn: Hyde Park Corner) haben Sie – unter der größten Bronzeskulptur Europas, mit Friedensengel und Streitwagen – einen hervorragenden Blick. In der westlichen Verlängerung des Hyde Parks, **Kensington Gardens**, liegt Prinzessin Dianas ehemaliger Wohnsitz **Kensington Palace** (U-Bahn: Queensway, High Street Kensington, www.hrp.org.uk). Heute sind dort u.a. ihre Ballkleider ausgestellt, und 2012 eröffnete eine permanente Ausstellung zu Queen Victoria. Im privaten Teil des Palastes sind Duke and Duchess of Cambridge in Prinzessin Margarets ehemaliges Apartment eingezogen – und Harry anscheinend mehr oder weniger gleich mit. Einen Steinwurf vom Palast entfernt, ist die **Orangery** eine wunderschöne Oase für einen Afternoon Tea – vielleicht mit einem Glas Champagner? Achten Sie auf die Arbeiten des berühmten Holzschnitzkünstlers des 17./18. Jh., Grinling Gibbons, an den hellen Wänden. Ein ausgeschilderter **Diana Memorial Walk** führt über elf Kilometer durch vier Parks. Die **Serpentine Gallery** (Kensington Gardens, www.serpentinegallery.org) zeigt zeitgenössische Wechselausstellungen in einem Teepavillon aus den 1930er-Jahren; der **Walther-König-Kunstbuchladen** ist immer geöffnet. Mieten Sie ein Ruder- oder Tretboot für den **Serpentine Lake** beim Lido-Café-Restaurant, oder vertrauen Sie sich doch dem sonnenenergiebetriebenen Solarshuttle-Passagierboot an: deutsche Wertarbeit (www.solarshuttle.co.uk)! Führungen zum riesigen güldenen **Albert Memorial** (Kensington Gardens, U-Bahn: Knightsbridge, South Kensington), das den früh verstorbenen Mann von Queen Victoria verewigt, werden von

März bis Dez. an jedem ersten So. des Monats um 14.00 und 15.00 Uhr angeboten.

Im Sommer gibt's im 02 **Green Park** (U-Bahn: Green Park) – eher ein Korridor zwischen den attraktiveren Nachbarn Hyde Park im Westen und St. James's Park im Osten – grün-weiß gestreifte Sonnenstühle zum Mieten.

Der Weg von Whitehall zum Buckingham Palace führt durch den hübschen 03 **St. James's Park** (U-Bahn: St James's Park), von der Brücke haben Sie einen guten Blick auf Queen Elizabeths Residenz. Sie werden sehen, dass die hellblauen Laternen hier Energiesparlampen haben! Die berühmten Pelikane werden täglich um 14.30 Uhr gefüttert. Was einen von ihnen vor ein paar Jahren nicht davon abhielt, eine Taube zu verspeisen – die Tat wurde gleich auf Youtube verbreitet. Für eine Erfrischung gibt es kleine Snack-Kioske oder das **Inn the Park** (Tel. 77 47 59 26, www.peytonandbyrne.co.uk/inn-the-park), ein Café-Restaurant mit Terrasse am Parksee. Das eignet sich wunderbar für ein Al-fresco-Frühstück oder für einen Afternoon Tea; allerdings bezahlt man für Lage und Blick auch einen deutlichen Aufpreis.

Zum 04 **Holland Park** (nicht auf dem City-Plan, U-Bahn: Holland Park) weiter westlich gehören ein origineller **Japanischer Garten** und gelegentliche Ausstellungen in der ungewöhnlichen **Ice House Gallery** (1770); eine Besichtigung lässt sich sehr gut mit einer Notting-Hill-Visite verbinden. Ein romantischer Restaurant-Tipp hier ist das **Belvedere** (Ilchester Place, Tel. 76 02 12 38, www.belvedererestaurant.co.uk). Zu den Wahrzeichen von 05 **Regent's Park** (U-Bahn: Regent's Park), umringt von John Nash's eleganten weißen Stuck-Häuserzeilen,

Infos

gehören der berühmte **Zoo** (Outer Circle, Tel. 0844 2 25 18 26, www.zsl.org) und die zentrale **Londoner Moschee.** Empfehlenswert ist ein Spaziergang auf den Primrose Hill: Dort hat man einen der besten Blicke auf die Stadt. Als London im Februar 2009 unter einer Schneedecke versank, packten aktive Großstädter ihre Snowboards aus und genossen das seltene Vergnügen, ihren Sport zwischen schlittenfahrenden Kindern mitten in der Stadt ausüben zu können. Der beliebte Halbmarathon (www.royalparkshalf.com) führt durch das herbstfarbene Laub von vier Parks – die Teilnehmer erlaufen Sponsorengelder für gute Zwecke.

In 06 **Hampstead Heath** (nordwestl. der City, nicht auf dem City-Plan, U-Bahn: Hampstead, www.hampsteadheath.net), dem Park von Hampstead, hat man vom **Parliament Hill** die ganze City zu seinen Füßen. Der Eintritt zu dem 1616 errichteten **Kenwood House** mit seiner schönen Innengestaltung und der beeindruckenden Gemäldesammlung ist frei. Nebenan serviert das hübsche **Brew-House-Garten-**

Stillleben: In der grünsten Hauptstadt der Welt findet man überall eine grüne Oase

café (www.companyofcooks.com) Gourmet-Würstchen, hiesige Produkte, wunderbares Frühstück, Sandwiches, Suppen, interessante Desserts, Kuchen etc. Der Take-away-Ableger nebenan ist allerdings deutlich günstiger. An heißen Tagen zwischen Mai und Sept. bietet sich eine Abkühlung in den **Bathing Ponds** an der Ostseite des Parks an: Dort gibt es einen Pool nur für Ladies – übrigens mit der besten Wasserqualität –, einen nur für Herren, und einen für beiderlei Geschlechter, der am stärksten frequentiert wird. Das **Parliament Hill Lido** (Parliament Hill Fields, Gordon House Road, U-Bahn: Belsize Park, nur Erwachsene) etwas weiter südlich hat ein Café und kostet den gleichen Eintritt (2 Pfund) wie die Bathing Ponds. Das **John Keats Museum** (Keats Grove,

U-Bahn: Hampstead, Tel. 73 32 38 68, www.keatshouse.cityoflondon.gov.uk) ehrt das Gedenken an den jung verstorbenen Barden der britischen Romantik.

Ganz in der Nähe können Sie im **Freud Museum** (20 Maresfield Gardens, U-Bahn: Finchley Road, Tel. 74 35 20 02, www.freud.org.uk) u.a. des Meisters legendäre Couch besichtigen. In Hampstead gibt es auch einige gemütliche Pubs. Besonders empfehlenswert für hungrige Hampstead-Heath-Gänger ist das **Bull & Last** (168 Highgate Road, Tel. 72 67 89 55, U-Bahn: Kentish Town, www.thebullandlast. co.uk) gegenüber dem Parliament-Hill-Parkeingang; ein bei der Eröffnung 2008 von der Kritik zu Recht gefeierter Country-Style-Gastropub mit hausgemachten Schlachtprodukten, Bar-Snacks wie *scotch egg* (hart gekochtes Ei in Wurstbrät) und Schweineohren.

Mit rund 1000 Hektar Londons größte Grünfläche ist der 07 **Richmond Park** (südwestl. von London, nicht auf dem City-Plan, U-Bahn: Richmond, Boot: Richmond). Im königlichen Park grast u.a. viel Rotwild, das sich daran gewöhnt hat, dass man hier gerne Drachen steigen lässt. In Clerkenwell, im Schatten der St. Paul's Cathedral gelegen, ist das viktorianische Kleinod des 08 **Postman's Park** (King Edward Street, U-Bahn: St Paul's) leicht zu übersehen. Wenn Sie schon mal da sind, gehen Sie noch ein paar Schritte zu Londons ältester Kirche, St. Bartholomew the Great (www.greatstbarts.com) in Smithfield, aus vielen Historienfilmen bekannt.

Friedhöfe

Der im Jahr 1839 östlich von Hampstead im Highgate-Viertel angelegte Friedhof 09 **High-**

gate Cemetery (Swain's Lane, nicht auf dem City-Plan, U-Bahn: Archway, www.highgate-cemetery.org) ist Londons bekanntester Friedhof. Bis heute lässt sich gut nachvollziehen, wie Dracula-Autor Bram Stoker sich hier zwischen alten Gedenksteinen, Mausoleen, Grabkreuzen und knorrigen Bäumen inspirieren ließ. Der Friedhof hat einen westlichen Teil, der älter und romantisch überwuchert ist (nur mit Führung zugänglich); zu den Highlights gehört die Egyptian Avenue, deren Gräber an ägyptische Königsgräber erinnern. Der östliche Teil mit der massiven Büste von Karl Marx wird noch immer genutzt. (Einer der letzten „Neuzugänge" der vergangenen Jahre ist der russische Dissident Alexander Litvinenko, der im Jahr 2006 in London ermordet wurde.). Wieder zurück in der Innenstadt finden Sie mitten in der Finanzmeile

DuMont Aktiv

den – mittlerweile ziemlich flachen – „Knochenhügel" **10 Bunhill Fields** (zwischen Bunhill Row und City Road, U-Bahn: Old Street). Bis zu seiner Schließung 1855 wurden hier Londoner Nonkonformisten beerdigt, darunter Robinson-Crusoe-Autor Daniel Dafoe, der visionäre Dichter William Blake und Isaac Watts, Komponist vieler Hymnen.

Gärten und mehr

Nicht nur Botanik-Interessierte werden an den **11 Kew Gardens** ▶TOPZIEL (nicht auf dem City-Plan, Richmond, Surrey, U-Bahn: Kew Gardens, Boot: Kew Gardens Pier, www.westminsterpier.co.uk, Tel. 83 32 56 55, www.kew.org.uk) ihre wahre Freude haben. Das „Kew Explorer"-Bähnchen fährt alle Attraktionen an. Tipp: Verbinden Sie den Besuch mit Hampton Court – per Themseboot! Als Hausgarten der Queen gilt **12 Buckingham Palace Gardens** (U-Bahn: St. James's Park, www.royalcollection.org.uk). Zugänglich ist er nur mit geführten Gruppen von 15 bis 20 Teilnehmern, Voranm. erforderlich (Details im Internet; erfahrungsgemäß sollte man sich lange im Voraus anmelden).

Museen

Das zentral gelegene Museum für Gartengeschichte an der Themse, das **13 Garden Museum** (5 Lambeth Palace Rd., U-Bahn: Vauxhall, Lambeth North, Tel. 74 01 86 65, www.gardenmuseum.org.uk), widmet sich der englischen Gartenobsession und erzählt die spannende Geschichte der viktorianischen Botanikpioniere. Der im 17. Jh. angelegte Knotengarten enthält u.a. das Grab von Captain Bligh („Meuterei auf der Bounty"). Garten-Shop und Café gibt es auch. Etwas ab vom Schuss, aber besonders für Tennisfreunde den Umweg wert: Die Geschichte des „Sports der Könige" erzählt das **14 Wimbledon Lawn Tennis Museum** (außerhalb City-Plan, Church Road, Wimbledon, U-Bahn: Southfields, Tooting Broadway; schneller geht's per Bahn: Wimbledon – von Waterloo –, dann jeweils Bus 493, www.wimbledonmuseum.org.uk; Centre-Court-Touren). 2010 wurde hier das längste Match der Tennisgeschichte gespielt.

Grünes Nachtleben

Ein Flüsschen fließt durch die drei thematischen Gärten mit 70 Bäumen, frequentiert von den vier Flamingos Ben, Bill, Splosh und Pecks … Wo? Auf dem Dachgarten-Restaurant **Babylon at the Roof Gardens** (99 Kensington High Street, Eingang Derry St, U-Bahn: High Street Kensington, www.roofgardens.virgin.com). Die ausgezeichnete kontinental-mediterrane Küche wird serviert im siebten Stock, 30 Meter über dem Shopping-Gewühl, mit Sonnenterrasse. Do. abends spielt Live-Jazz, im Sommer wird der Barbecue-Grill angeworfen.

Hoch zu Ross im Park

Hyde Park lässt sich zu Fuß oder per Inlineskates erobern, am stilvollsten allerdings hoch zu Ross. In Londons größtem Park stehen Pferdeliebhabern fünf Meilen Reitwege offen – unter anderem auch ein Ritt durch die Londoner Sozialgeschichte.

Das Glück der Erde …

Im gemächlichen Schritttempo an Sehenswürdigkeiten vorbei, beim zügigen Trab vergessene Muskelpartien spüren oder beim Galopp die Zügel fahren lassen – so erschließt sich Hyde Park auf die feine englische Art. Organisierte Ausritte führen zunächst am Serpentine Lake entlang an all den Klassikern vorbei – Albert Memorial, Speakers' Corner, Diana-Fountain, Achilles-Statue – und schwenken dann auf den Sandweg der historischen „Rotten Row" ein, der an der Südseite des Parks von Hyde Park Corner nach Westen führt. Ende des 17. Jahrhunderts brauchte William III. eine Route zwischen dem St. James's-Palast und seiner neuen Residenz in Kensington. 1690 wurde die „route du roi", die Rotten Row, zur ersten künstlich beleuchteten Straße der Insel. Im folgenden Jahrhundert zog der Paradeweg die gehobenen Schichten an, die hier ihre schicke Kleidung spazieren trugen und die Kutschen sozialer Rivalen abcheckten. Heute bewegt die königliche Kavallerie hier ihre Pferde, während die ausgeglichenen Pferde und Ponys des Hyde-Park-Reitstalls auch bei lang vergessenen oder nie vorhandenen Reitkünsten der Touristen britische Contenance bewahren.

… liegt auf dem Rücken der Pferde

AUF EINEN BLICK

Ausgangspunkt: Hyde Park Stables, 63 Bathurst Mews U-Bahn: Lancaster Gate
Termine: Di.–Fr. 7.15–17.00, Sa./So. 9.00–17.00 Uhr
Dauer: 1 Std.
Kosten: ca. £ 60 für einen Gruppenausritt

Ausrüstung: feste Schuhe, je nach Saison Regenkleidung; Reithelm und -stiefel werden gestellt
Mindestalter: 5 Jahre
Gewichtslimit: 75–80 Kilo (!)

www.hydeparkstables.com

Alles, was das Herz begehrt

„Everything, London": Die ehemalige telegrafische Adresse von Harrods drückt es aus. In London gibt es alles: schicke Kaufhäuser, trendige Märkte, Läden mit jahrhundertelanger Tradition und exzentrische Design-Shops, in denen man kaum die sprichwörtliche Katze schwingen kann. Und dazwischen deklamieren auf manchen Straßen immer noch altmodische Straßenhändler mit waschechtem Cockney-Akzent: „Banaaanas! A bunch for a Pooooouuuund!"

Diamonds are a girl's best friend: Juwelier in der Burlington Arcade in Mayfair

Einkaufen mit Stil: in der Burlington Arcade (ganz oben). Oben: Franklin D. Roosevelt und Winston Churchill als stumme Zeitzeugen in der Bond Street. Rechts: Was in den oberen Etagen nicht richtig sitzt, wird im Souterrain passend gemacht (Huntsman in der Savile Row).

Im Feinkosttempel Fortnum & Mason

„Die Menschen gehen zum Einkaufen wie zum Fischen; sie wollen sehen, wie groß der Fisch ist, den sie mit dem kleinsten Köder fangen können."

Henry Ward Beecher

Den ganz winzigen „Old Curiosity Shop", erbaut anno 1567, prägen quietschende Holzbohlen und schmale Wendeltreppen. Heute werden hier exklusive, von Hand angefertigte Schuhe verkauft – trendiges ungarisches Militärschuhwerk, chaplinesk gewölbte „Clickety Click"-Treter aus England und Eigenkollektionen mit dramatischen Blockzehen. Durch dieses wohl älteste Geschäft der Stadt weht aber auch der Geist der Literaturgeschichte: Das Schicksal des Waisenmädchens Nell in Dickens gleichnamigem Roman rührte Tausende von Viktorianern zu Tränen ...

SEIN ODER DESIGN?

Aus viktorianischen Zeiten stammt auch die wunderschöne Burlington Arcade, die älteste Einkaufspassage der Stadt (1819), in der hinter schnörkeligen Schmiedeeisen- und Glas-Ladenfronten Schmuck und Silber, Designerschuhe sowie Schreibwaren auf solvente Käufer warten. Nur zwei Straßen weiter hat Rei Kawakubo, die Gründerin der Nobelmarke „Comme des Garçons", im Dover Street Market Designermode auf vier Stockwerken theatralisch zu einem *beautiful chao*s drapiert – mit kopflosen Schaufensterpuppen zwischen Vintage-Möbeln, Skulpturen, Tierskeletten und Pflanzenkübeln. Design bestimmt hier das Sein – aber auch den

Preis. Im Grunde gilt das auch für den „Erotic Luxury"-Store Coco de Mer in Covent Garden, der miteinkaufenden Partnern Peep-show-Umkleidekabinen bietet und den Gewinn vom Kauf eines spielerischen Sadomaso-Sets an die burmesische Demokratiebewegung abführt – ein typisch Londoner Mix aus Exzentrik und Zeitgeist, und gar nicht britisch prüde.

SPEND THE DAY AT SELFRIDGE'S

Als Harry Gordon Selfridge vor rund hundert Jahren sein Kaufhaus gründete, wollte er den Briten amerikanisch-dynamische Einkaufskultur nahebringen. Heute wird Selfridge's regelmäßig von Shoppern und Kritikern zum besten Kaufhaus der Stadt gekürt. In seinem Privatleben hatte Selfridge ein weniger glückliches Händchen und verspielte ein Vermögen in der Gesellschaft zweier ungarischer Varieté-Tänzerinnen. „Spend the Day at Selfridge's" war der Slogan des Gründers: In seinem Kaufhaus sollten Kundinnen unter einem Dach ihre Freundinnen zum Tee treffen, Briefe schreiben und zum Friseur gehen können. 2007 öffnete der „Wonder Room", ein Luxustempel mit schlappen 1800 Quadratmetern Fläche im Erdgeschoss, definiert durch eine schlanke Flossenwand, die ständig wechselnde Perspektiven auf die Schmuckobjekte, Uhren und Designer-Handys freigibt.

Viele London-Shopper meinen, die Oxford Street (rechts der Primark Flagship Store) sei *das* Einkaufsmekka der Stadt – und schieben sich dann mit einer brodelnden Menschenmasse durch die überlaufenste Einkaufsstraße Europas ... Vor Weihnachten drängeln sich täglich bis zu einer Million Menschen durch das Epizentrum des Kommerzes, vorbei an 300 Läden auf knapp 2,5 Kilometern, flankiert von Taxis und Bussen – Stress pur. Dabei lauern vor allem am östlichen Ende Plastik, billige Stangenware und qualitätsreduzierte Souvenirs in uninteressanten Outlets. Schlagen Sie also besser einen Haken: zum angesagten St. Christopher's Place bei der Uhr gegenüber der Bond-Street-U-Bahn-Station, in die hübsche Marylebone High Street weiter nördlich Richtung Regent's Park oder in die fußgängerfreundlichen Straßenzüge etwas südlich von Oxford Circus rund um Carnaby Street. Ganz rechts: Hamley's in der Regent Street

Mit Schirm, Charme und (nur noch selten) Melone: James Smith & Sons Umbrellas Ltd. (Oxford Street)

Harrods und die Folgen: Am Ende bleiben gerade mal ein paar Münzen zum Telefonieren übrig.

THINK BIG: HARRODS & CO.

Abgeschnittene Bermudas, Sport-Shorts oder bauchfreie Tops können ein Grund sein, Ihnen den Eintritt zu verweigern. Wo? Nein, nicht im Petersdom (okay, da auch!), sondern in den sehr weltlichen Kathedralen der Londoner Warenwelt. Alle Kaufhäuser der Stadt haben Regeln – Harrods hat die meisten. Vielleicht, weil man ja auch das größte Kaufhaus der Britischen Inseln ist. Ein paar Zahlen: Harrods hat 330 Abteilungen und über 5000 Angestellte, 12 000 Glühbirnen beleuchten die Terrakottafassade in Knightsbridge über den grünen Markisen.

Kein Besuch aber wäre komplett ohne einen Gang durch die opulente Food Hall. Dort drängen sich Touristen an den Auslagen mit Fleischpastetchen, feinsten Pralinen, Sushi, lebendigen Hummern und Trüffelpyramiden vorbei; sogar Dosen-Delikatessen werden von Kronleuchtern angestrahlt.

Nach 25 Jahren im Besitz des ägyptischen Geschäftsmanns Mohammed Al Fayed wurde das Emporium 2010 für umgerechnet 1,8 Milliarden Euro an ein Konsortium aus Katar verkauft.

Das heißt wohl auch, dass die Tage des kitschigen Diana & Dodi-Schreins gezählt sind. Al Fayed, dem bis heute die britische Staatsbürgerschaft verwehrt bleibt, machte noch immer den Geheimdienst MI6 und das Königshaus für den Tod seines Sohnes verantwortlich. Wenn er Großbritannien verlässt, kann Harrods auch wieder Hoflieferant werden …

KLEINER, ABER FEINER

Um einiges kleiner als Harrods ist das 1875 eröffnete Liberty's – das beste Kaufhaus für die Ästhetiker-Brigade. Die originale Tradition des Hauses als Lieferant ostasiatischer Antiquitäten, Teppiche und dekorativer Objekte wird noch vom Dachfries reflektiert, auf dem Kamele und Elefanten einer stilisierten Britannia Güter bringen. Gründer Arthur Liberty machte Art Nouveau und den

Auf dem Portobello Market in Notting Hill lohnt der Blick aufs Detail (ganz oben und oben). Die Buchhaltung wird dort nebenbei erledigt (rechts).

Gewürze aus Bangladesch auf dem Markt in der Brick Lane

Electric Avenue auf dem Brixton Market

Arts & Crafts-Stil in England populär; in den 1960ern entwarf Mary Quant, die Erfinderin des Minirocks, für Liberty's.

VON MENSCHEN UND MÄRKTEN

Beim Einkauf in London stolpert man immer wieder über die Stadtgeschichte. Ein gutes Beispiel ist Leadenhall Market: Mitten in der City of London, wo einmal das römische Forum stand, im Windschatten von Richard Rogers' spektakulärem Lloyd's-of-London-Gebäude, kaufen die Finanz- und Versicherungsangestellten der City ihr Mittagessen oder frischen Käse, Blumen und Wein für den Abend. Gegründet als Fleischmarkt im 14. Jahrhundert, beherbergt Leadenhall Market heute unter seinem schmiedeeisernen Dach Filialen britischer Kleidungsmarken wie Hobbs und Jigsaw, Pubs und Weinbars – und ist so fotogen, dass er sogar im ersten Harry-Potter-Film eine Kulisse abgibt.

Gar nicht weit entfernt, wo die City ins East End übergeht, steht Spitalfields Market, 1638 als Fleisch- und Geflügelmarkt entstanden, heute im Zentrum der Regeneration eines ganzen Viertels. Künstler und anderes kreatives Volk, trendige Delikatessenläden und Cafés haben sich um diesen Fashion- und Designmarkt herum angesiedelt, der – vor der Abrissbirne gerettet – heute der vielleicht emblematischste Markt Londons ist.

Für viele Besucher prägt aber immer noch ein anderer Markt das Image Londons: Auf dem Camden Market mischen sich Punks mit Goths und sehr relaxten Rastamen zwischen giggelnden Girls, die in Karoröckchen über Springerstiefeln am geteilten iPod hängend nach neuen Clubbing-Outfits schauen. Zwischen Ständen mit Plateaustiefeln und Korsetts, Musik-CDs, Ethno-Food, Naturkosmetik, einer Menge Krimskrams und New-Age-Brimborium defiliert der Mikrokosmos Londoner Alternativkultur. Dank der schönen Lage an der Kanal-

Danach lästern Sie nie wieder über englisches Essen!

schleuse von Camden Lock und einer genuin guten Stimmung können sich dort auch Über-25-Jährige wohlfühlen – man muss nur wissen, worauf man sich einlässt.

Das gilt auch für jene, die an einem Samstagmorgen aus der U-Bahn-Station Notting Hill Gate kommen: Erst einmal tief durchatmen lautet die Devise, denn die Menschentrauben haben alle das gleiche Ziel: Portobello Market. Der atmosphärische Straßenmarkt mit einer

Fülle an Antikem und Exzentrischem, Schmuck, Drucken, Kleidung, Porzellan und anderem entfaltet sich entlang der hübschen pastellfarbenen Häuser der Portobello Road – sowie der einen oder anderen Beton-Sozialsiedlung – bis zum gammeligeren Ende des Marktes unter der Westway-Unterführung.

Die größte Erfolgsstory der letzten Jahre aber ist der Borough Market. Einen Obst- und Gemüsemarkt neben der London Bridge am Südufer der Themse gab es schon im 13. Jahrhundert; heute ist hier das revolutionäre Epizentrum der neuen Londoner Essenskultur. Trendige *foodies* schlürfen Weizengras- und andere gesunde Säfte, kaufen biologisch angebautes Obst und Gemüse – und blättern schon mal acht Pfund Sterling für ein „Hoxton Rye"-Roggenbrot hin. Nach einem Besuch lästern Sie nie wieder über englisches Essen!

MULTIKULTI

„United Colours of London"?

Multikulti scheint auf den ersten Blick ganz selbstverständlich zu London zu gehören. Ein Drittel aller Einwohner Londons wurde außerhalb Großbritanniens geboren, mehr als 40 Prozent gehören einer ethnischen Minderheit an. Doch Londons multikulturelle „Salatschüssel" bekam im Sommer 2011 Sprünge.

„Wenn Großbritannien die Burka verbietet,
werde ich mir wohl eine anschaffen müssen!"
(Kommentar eines liberalen Kolumnisten zum in
Paris beschlossenen, in London erst politisch
angedachten Verbot der Vollverschleierung)

Denn nachdem die Polizei einen jungen Farbigen, einen Familienvater, in Tottenham unter ungeklärten Umständen erschossen hatte, kam es zu Ausschreitungen und Plünderungen, die auf weitere Stadtteile und sogar andere englische Städte übergriffen.

Dabei ist eine der großen Stärken dieser Stadt eben ihre kosmopolitische Identität. London beherbergt Menschen aus 90 Ländern, spricht 300 Sprachen und serviert Gastronomie aus aller Herren Ländern. An der Green Lanes in Nordlondon zum Beispiel leben türkisch-griechisch-zypriotische Communities nebeneinander, die sich auf Zypern spinnefeind wären, zwischen bunten Gemüseläden, Kuchenbäckereien mit turmhohen Hochzeitstorten und Friseursalons, wo eng-

lischsprachige Kundinnen die Anweisungen eventuell in Zeichensprache geben müssen. Asia-Supermärkte verkaufen malaysisches Streetfood, im Punjabi-geprägten Vorort Southall stehen Naanbrot-Kebabs und Maismehl-Fladen mit Senfblatt-Curry auf der Speisekarte, in Chinatown neben regulären Menüs auch gelegentlich Hühnerfüße.

Ein Londoner Investmentbanker kann einen typischen Tag mit italienischem Milchkaffee zum französischen Croissant beginnen. Aus dem Bürofenster des Wolkenkratzers seiner amerikanischen Bank in Canary Wharf blickt er auf einen historischen Zuckerspeicher des Docklands-Museums, das Londons Rolle im transatlantischen Sklavenhandel dokumentiert. Sein Anzug wurde

Beim jährlich am letzten Wochenende im August stattfindenden Notting Hill Carnival zeigt das multikulturelle London sein schönstes Gesicht.

Große kulturelle Festivals wie das Hindu-Lichterfest Diwali werden symbolisch am Trafalgar Square begangen, dem Herz von London. Das Stadtbild ist bunt, die Stimmung nicht immer nur freundlich.

vielleicht von dem Ghana-stämmigen Starschneider Ozwald Boateng entworfen. Später kauft er sein Sandwich bei einer ukrainischen Verkäuferin, lädt seine U-Bahn-Karte im indischen *corner shop* an der Ecke auf. Den Abend beendet er dann womöglich in einem bengalischen Curryrestaurant beim britischen Nationalgericht, der „Tikka-Masala"-Curry-Kreation, ehe er sich von einem nigerianischen Taxifahrer nach Hause fahren lässt.

Das ist die Sonnenseite des multikulturellen London. Auf der Schattenseite, im flexiblen Niedriglohnsektor, schickt der Minicabfahrer, der den Investmentbanker eben nach Hause gebracht hat, in der Western-Union-Agentur dringend benötigte Pfunde in die Heimat und telefoniert aus einer gammeligen Telefonkabine mit seiner Familie, die er seit Monaten nicht gesehen hat. Dann fährt er nach Hause in eine jener deprimierend entworfenen Sozialsiedlungen, in denen die Jungs Drogen-Gangmaster oder Profi-Fußballer werden wollen und die Mädchen Model oder Castingshow-Gewinnerin. Noch dunkler ist das Kapitel jener ins Land geschmuggelten jungen Frauen, die in miefigen Apartments, nachdem ihre Pässe konfisziert wurden, ihre „Schulden" abarbeiten sollen, also zur Prostitution gezwungen werden.

„LONDONISTAN"
Ohne osteuropäische Au-pairs würde die Londoner Kinderbetreuung, ohne philippinisches Pflegepersonal die Krankenbetreuung

zusammenbrechen. Doch seit einigen Jahren ist die Stimmung gereizt. Die Bombenattacken vom Sommer 2005, die über 50 Menschenleben forderten und von jungen, in London lebenden sowie – wie man dachte – assimilierten Muslimen verübt wurden, waren ein Anschlag nicht nur auf das Londoner Transportsystem, sondern auch auf das multikulturelle Projekt. Spätestens seitdem beschwört mancher einflussreiche Kolumnist ein multikulturelles „Londonistan" herauf. Dass die British National Party ihren einzigen Sitz in der London Assembly schon wieder verloren hat, zeugt von robuster Demokratie – eine akute Gefahr geht auf der Straße von der 2009 gegründeten antiislamistischen „English Defence League" aus. Im selben Jahr unterstützten aber auch Kirchen und Gewerkschaften eine Amnestie für rund 450 000 seit Langem hier illegal lebende Einwanderer, und der sonst eher weniger multikulturell bewegte konservative Bürgermeister Boris Johnson erkannte darin sogar Steuervorteile für die Stadt. 2011 versuchte sich die EDF während der „London Riots" als Vigilanten für Recht und Ordnung zu profilieren, und eine hechelnde Boulevardpresse sucht ständig nach Geschichten über die angebliche Bevorzugung von Migrantenfamilien. Im Gesamtbild ergibt das weniger die Ästhetik eines Benetton-Werbeplakats als einen knallbunten Flickenteppich: gewebt zum Großteil aus der traditionellen Londoner Toleranz – und in den Farben von London.

LITERATUR ZUM THEMA

Monica Ali: *Brick Lane (2003, dt. 2004, Filmversion 2007), das Leben einer jungen Bangladeshi-Frau in Londons bekanntester Currymeile.* **Rachel Lichtenstein:** *On Brick Lane bringt den Hintergrund.*

Amanda Craig: *Hearts and Minds (2010). Multikultureller London-Thriller*

Zadie Smith: *White Teeth (2000, dt. Zähne zeigen, 2002). Multikultureller Bestseller-Debütroman*

www.visitlondon.com/maps/multicultural_london

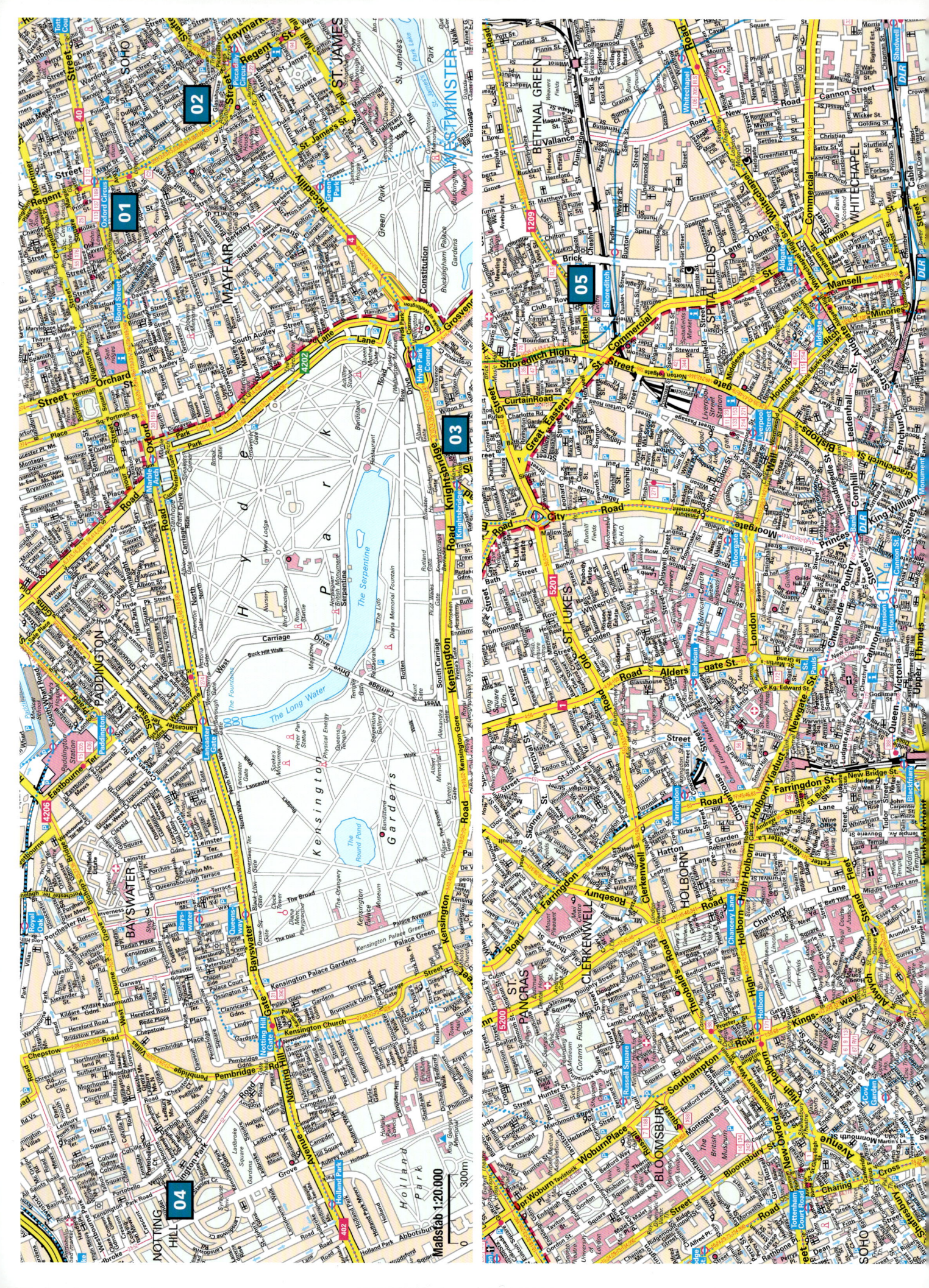

„Shop till you drop!"

Shopping in London spannt den Bogen von der beruhigenden Kontinuität alteingesessener Läden und klassischer Marken zur trendigen Design-Innovation mit einem Schuss Exzentrik. Informationen zu den unregelmäßig stattfindenden, aber sehr lohnenden „sample sales" – mit stark reduzierten Einzelteilen – erhalten Sie unter www.sample saleslondon.co.uk.

01 OXFORD STREET UND UMGEBUNG

Rund um die Oxford Street im Norden des Stadtteils Mayfair verläuft das kommerzielle Rückgrat der Stadt. Die teuren Designer gruppieren sich um das Ende der Bond Street, die billigeren Establishments eher an der New Oxford Street, überragt vom Centre-Point-Turm (neuerdings mit Panorama-Lounge); zwischendrin findet man die größten Kaufhäuser, Musik- und Buchtempel.

Shopping

Im Kaufhaus **Selfridges** (400 Oxford Street, U-Bahn: Bond Street, www.selfridges.com) mit seinen stylish präsentierten Auslagen und interessanten Food-&-Drink-Optionen lässt sich gut ein halber Tag verbringen. Eine wunderschöne, hundert Jahre alte, auf Reise spezialisierte Buchhandlung mit langen Eichenholzgalerien und Oberlicht ist **Daunt Books** (83 Marylebone High Street, U-Bahn: Bond Street, www.dauntbooks.co.uk). Titel sind nach Land sortiert, sodass Sie unter „Großbritannien" z.B. nicht nur Reiseführer, sondern auch Reiseliteratur und Romane etc. finden. Gut für Food Shopping vor der Heimreise oder für anspruchsvolle Selbstversorger ist der Flagship-

Store von **Marks & Spencer** (458 Oxford Street, www.marksandspencer.com). Mit über 4600 Quadratmetern ist der HMV **„His Master's Voice"**-Megastore (150 Oxford Street, U-Bahn: Oxford Circus, www.hmv.com) der größte im Land für Musik und Games – Letztere können jetzt auch getauscht werden. Literatur-Audiobooks oder Serien-DVDs kommen bei Anglophilen zu Hause gut an.

Funky Schuhe in verschiedenen Absatzhöhen und mit gutem Preis-Leistungs-Verhältnis inkl. der trendigen Hunter-Gummistiefel bietet **Sniff** (1 Great Titchfield Street, U-Bahn: Oxford Circus, www.sniff. co.uk). Sniffs Eigenmarke inspiriert sich an den 1940ern. Großbritanniens größter Modeladen ist **Top-Shop** (216 Oxford Street, U-Bahn: Oxford Circus, www.topshop. com). Nicht nur Teenies stöbern in diesem Style-Tempel für kleinere Geldbeutel; die Sachen sind nicht fürs Leben, aber okay für eine Saison. Der neueste Trend sind „Pop-up"-Shops, Läden also (analog zu Restaurants und Clubs), die zeitweise irgendwo auftauchen („pop up"). Rimmel in Selfridges. Gucci-Turnschuhe, vom DJ Mark Ronson entworfen, sogar einmal der Marmite-Hefeaufstrich. Manche Dinge bleiben dagegen beruhigend gleich: zum Beispiel das Schirm-Imperium von **James Smith & Sons**. Seit 1857 verkauft die Familie im selben Laden an der New Oxford Street Schirme, Spazier- und Wanderstöcke. Und seitdem hat sich an dem schnörkelig-viktorianischen Schaufensterdesign nichts geändert. Praktisch Orientierte freuen sich über einen ausklappbaren Flipstick-Sitzstock, Exzentriker über ein Modell mit Tierköpfen (Hund, Katze, Ente) oder einen ungewöhnlichen Pagoden-Damensonnenschirm in Koralle. „Leihen Sie Ihren James-Smith-Schirm nicht einmal Ihrem

Tipp

Was gibt es wo?

Bei all den Shoppingstraßen in London heißt es, nicht den Überblick zu verlieren. Deshalb zur allgemeinen Orientierung: Designerkleidung und -schmuck: **Bond Street**, Herrenkleidung nach Maß: **Savile Row** (Durchschnittspreis: 999 Pfund Sterling …), eine gemütlichere Shopping-Erfahrung: **Marylebone High Street**, elektronische Geräte: **Tottenham Court Road**, Bücher: **Charing Cross Road**, hippes East-End-Design: **Cheshire Street** (zweigt von Brick Lane ab), Musikläden: **Berwick Street**, Soho, originelle Schuhe, alternative Kosmetik und Streetwear: **Neal's Yard**, Covent Garden.

besten Freund", empfiehlt die Geschäftsleitung, „geben Sie ihm lieber unsere Adresse". Na dann: 53 New Oxford Street, U-Bahn: Tottenham Court Road, www.james-smith.co.uk.

02 PICCADILLY/ REGENT STREET

Südlich der Oxford Street, Richtung Green Park, finden Sie einige der bekannten Shopping-Ikonen und die berühmten viktorianischen Arkaden entlang der mächtigen Fassaden von Piccadilly und Regent Street. Auch hier lohnt sich der Abstecher in Seitenstraßen wie die verkehrsberuhigte Carnaby Street, die nach ihren Glory Days in den 1960er-Jahren eine Zeitlang ihren Glanz verlor, jetzt aber wieder eine lebendige Atmosphäre hat.

Shopping

Gegenüber dem frisch restaurierten Lebensmittel-Tempel von **Fortnum & Mason** – eine Shopping-Sinfonie in Hellgrün und Gold um die von einer Glaskuppel gekrönte zentrale Wendeltreppe herum – finden Sie in der viktorianischen **Burlington Arcade** (U-Bahn: Green Park, www.burlington-arcade.co.uk) Edles, Teu-

La Senza Lingerie in der Oxford Street: Nur die Ware ist das Wahre?

Infos

Menschen und Märkte

Lassen Sie das Frühstück ausfallen und schlemmen Sie sich so früh wie möglich – sonst wird's vor allem samstags ein Gequetsche – durch die Stände des **Food Heavens Borough Market** (U-Bahn: London Bridge, www.boroughmarket.org.uk, Do. 11.00–17.00, Fr. 12.00–18.00, Sa. 8.00–17.00 Uhr). Eine ruhige und günstige Pause können Sie auch in der Cafeteria der Southwark Cathedral nebenan einlegen: guter Kaffee und ein paar Außentische!

Im Norden der Stadt, beim berühmten **Camden Market** (U-Bahn: Camden Town, www.camdenlock.net) ist es So. am vollsten; unter der Woche haben teils nur die Läden der Main Street und einige Stände auf.

Drei Tipps, um dem Gedränge des **Portobello Market** (U-Bahn: Notting Hill Gate, www.portobellomarket.org) in Westlondon zu entfliehen: 1. früh kommen, 2. Fr. kommen (da hat nicht alles auf, aber es bleibt mehr Muße zum Entdecken), 3. sich in die Seitenstraßen schlagen und dort in interessanten Geschäften stöbern.

Am anderen Ende der Stadt, im East End, finden Sie Handtaschen, futuristische T-Shirts, psychedelische Bilderrahmen, Glamour-Korsetts, Art-déco-Sofas etc. auf dem **Old Spitalfields Market** (U-Bahn: Liverpool Street, www.visitspitalfields. com). So. ist der Haupttag, Do. gibt es Antiquitäten, Fr. Mode und Kunst. Achtung: Sa. sind nur die Läden auf, nicht die Stände!

Am Wochenende geschlossen hat der atmosphärische **Leadenhall Market** in der City (U-Bahn: Monument, www.leaden hallmarket.co.uk). Noch ein Tipp: touristenfreie Flohmärkte *(car boot sales)* gibt es vielerorts in der Stadt, z.B. sonntags beim Battersea Tech College (**Battersea Car Boot Sale,** So. 12.00–17.00 Uhr, www.batterseaboot.com).

res, Antikes. Hier ist auch eine Filiale des klassisch-gediegenen englischen Herrenschuh-Manufakteurs **Church's** (201 Regent Street, U-Bahn: Oxford Circus, www.church-footwear. com). Qualität hat allerdings auch hier ihren Preis. Seit 1797 Hoflieferant, verfügt der **Hatchards-Buchladen** (187 Piccadilly, U-Bahn: Piccadilly Circus, www.hatchards.co.uk) neben schönem Ambiente auch über viele signierte Exemplare. Wenn Sie lieber einen Stapel Bücher bei einem Milchkaffee durchstöbern: Der **Waterstone's** nebenan, eine der größten Buchhandlungen Europas, hat ein Café im Obergeschoss. Ein Muss für Modefans ist der **Dover Street Market** (17-18 Dover Street, U-Bahn: Green Park, www.doverstreetmarket. co.uk). Arbeiten Sie sich von oben nach unten durch die Stockwerke mit clever und originell arrangierter Mode (Favorit der Autorin: die Labels Aganovich und Phoebe English), gibt es auch eine Konzession des Labour & Wait Haushaltswaren-Ladens aus dem East End und im Obergeschoss die Küchelchen der Rose Bakery. Viele originelle Läden unter einem Dach – Londoner, japanische und brasilianische Designermode, Schmuck, Souvenirs, Handarbeitsbedarf, Skurriles, Tee – bietet **Kingly Court** (U-Bahn: Oxford Circus, Eingang von Carnaby Street, www.carnaby.co.uk), ein dreistöckiger Shopping-Tempel mit Innenhof. Ganz in der Nähe ist ein Gang durch das holzgetäfelte historische Kaufhaus **Liberty's** (Great Marlborough Street, U-Bahn: Oxford Circus, www. liberty.co.uk) – Kleider, Stoffe, Drucke, Deko – sogar recht entspannend im Vergleich zur Hektik anderer Kaufhäuser.

03 KNIGHTSBRIDGE & CHELSEA

In diesen westlichen Stadtteilen (nicht auf dem City-Plan) spielt das Shopping eine sehr wichtige Rolle. Bond Street und Sloane Street bieten die großen Designernamen; kleinere elegante Boutiquen für Mode, Schmuck und Kunst finden Sie am Beauchamp Place. Die King's Road ist nicht mehr der Inbegriff des Trends wie in den Sixties, aber noch einen Blick wert.

Shopping

Die erste Erwähnung gebührt Good Ol' **Harrods** (87–135 Brompton Road, U-Bahn: Knightsbridge, www.harrods.com). Gut selektierte Designermode, grandiose Food Hall – Klaustrophobie-Gefährdete stehen aber am besten gleich um 10.00 Uhr morgens auf der Matte. Sie halten die Briten für prüde? Machen Sie sich ihr eigenes Bild in Londons glamourösestem Erotik-Luxusladen **Coco de Mer** (108 Draycott Avenue, U-Bahn: South Kensington,

www.coco-de-mer.com) mit dekadent-exklusiver Unterwäsche, Sexspielzeug, wie einem diskreten Reisevibrator, Filmen etc. im opulenten Ambiente. Betuchte „Sloanies" und „Ladies Who Lunch" erholen sich von den Shopping-Strapazen auf den weißen Lederstühlen des schicken Restaurants im fünften Stock des **Harvey-Nichols-Kaufhauses** (109–125 Knightsbridge, U-Bahn: Knightsbridge, www.harvey nichols.com). Eine andere beliebte Abrundung der Shoppingtour sind ein Afternoon Tea oder ein Cocktail in einer noblen Hotelbar: das **Berkeley Hotel** (Wilton Place, U-Bahn: Knightsbridge, www.the-berkeley.co.uk) bietet beides in bestem Ambiente: Der „Pret-a-Portea" wird von Designerporzellan eingenommen, und die glasierten Küchelchen in Form von Pumps und Taschen sind eigentlich zu schade zum Essen. In Chelsea bietet die großzügig angelegte Lifestyle-Boutique und Design-Galerie **Shop at Bluebird** (350 King's Road, U-Bahn: Sloane Square, www.theshopatbluebird.com) coole Mode (Ossie Clark, Eigenmarke Andy & Deb, Marc Jacobs und Paul Smith) plus Accessoires, Mobiliar und Bücher in ständig wechselnden Displays, Pop-up-Shops und Launch-Parties zur Einführung neuer Labels und Kollektionen.

04 NOTTING HILL

Im Bermudadreieck zwischen Portobello Road, Westbourne Grove und Ledbury Road, wo Yummy mummies die neuesten Kinderwagenmodelle durch die Gegend schieben und Rasta-angehauchte Trendjäger ihren fair gehandelten Kaffee trinken, kann man viel Geld lassen.

Shopping

Ein Mekka für Kochbücher ist **Books for Cooks** (4 Blenheim Crescent, U-Bahn: Ladbroke Grove, www.booksforcooks.com; Mo. geschl.). Die Testküche serviert leckere Snacks; schräg gegenüber findet man einen hervorragenden Gewürzladen. Im originalen **Rough Trade** (130 Talbot Road, U-Bahn: Ladbroke Grove, www. roughtrade.com) haben alle CDs und Vinyls kleine Info-Etiketten, das Personal hat gute

Die Ruhe vor dem (Shopping-)Sturm

DuMont Aktiv

Empfehlungen. Zwar gibt es nur einen CD-Player zum Reinhören (und man steht dabei ein bisschen im Weg), dafür aber einen sehr hilfreichen Manager. Direkt nebenan bietet der **Pedlars-Store** (128 Talbot Road, www.pedlars.co.uk) witzige Souvenirs: Union-Jack-Kissen, eine Briefkasten-Simulation der Royal Mail und Accessoires mit der britischen Krone. Angesagte Designermode für einen sündhaft teuren Partygirl-Look finden Sie bei **Alice Temperley** (6-10 Colville Mews, Lonsdale Road, U-Bahn: Notting Hill Gate, www. temperleylondon.com).

05 EAST END

In den revitalisierten Straßenzügen um Spitalfields und Hoxton finden Sie kleine Designerboutiquen, Turnschuhe, Schmuck, Streetwear, Grafikdesign und vieles mehr. Der Spitalfields Market und der Truman-Brewery-Komplex sind ein guter Einstieg. Liverpool Street ist hier die praktischste U-Bahn-Station.

Shopping

In einem fast 45000 Quadratmeter umfassenden Komplex einer ehemaligen Brauerei an der Currymeile Brick Lane, der **Old Truman Brewery** (91 Brick Lane, www.trumanbrewery.com), konzentrieren sich hippe Boutiquen und Galerien, auch der größere Rough-Trade-Plattenladen findet sich hier. Coole Mode finden Sie in der **Hoxton Boutique** (2 Hoxton Street, www.hoxtonboutique.com) oder in **All Saints** (6 Corbet Place, www.allsaints.com) gegenüber dem Spitalfields Market. Vintage-Kleidung ist ein klassischer London-Look und **Beyond Retro** (110-112 Cheshire Street, www.beyondretro.com) sein Tempel. Sexspielzeug liegt im Trend. Weibliche Kunden, die gern bei einer Tasse Tee unter sich bleiben wollen, sind bei **Sh!** am trendigen Hoxton Square (No. 57, www.sh-womenstore.com) an der richtigen Adresse. Für die Pause zwischendurch können Sie im Café in David Adjayes coolem Kulturzentrum **Rivington Place** (Rivington Street, www.rivingtonplace.org) relaxen. Im **A Gold** All-British-Delikatessenladen (42 Brushfield Street, www.agoldshop.com) kann man sich mit regionalen Spezialitäten eindecken. Die erste **„Pop-up Mall"** der Welt, Boxpark (2–4 Bethnal Green Road, U-Bahn: Shoreditch High Street/Overground oder Liverpool St, www.boxpark.co.uk) ist noch bis 2016 offen. Wer's riesiger braucht: nahe dem Olympiagelände eröffnete 2011 Europas größte Shopping Mall, **Westfield Stratford City** (www.westfield.com). Ein Geheimtipp (wenn auch die Kollektion vom Vorjahr stammt): der **Burberry Factory Shop** (29–53 Chatham Place, Bahn: Hackney Central) – buy British um 50 Prozent günstiger!).

Konsum ohne Reue

Dass London ansprechende Secondhand-Läden hat, weiß man, und auch, dass „Vintage"-Kleidung – „Jahrgangs"-Klamotten also – ein Londoner Modestil ist. Weniger bekannt ist, dass „Charity Shops" die Suche nach einer neuen Garderobe mit einem guten Werk verbinden: Mit Ihren Einkäufen unterstützen Sie seriöse Hilfsorganisationen.

Gerade in diesen schwierigen Zeiten bieten die Läden der Heilsarmee oder von Oxfam, vom Roten Kreuz, Hospiz- oder Tierschutzvereinen viel Gegenwert fürs Pfund. Kreditkrisen-Shopper finden hier Secondhand-Designer-Schuhe und gefakete Pelzjacken, Modelle der letzten Saison und verrückte Ausgeh-Täschchen für einen Bruchteil des Preises. Und: Damit unterstützen Sie auch noch einen guten Zweck. Schlaue Charity Shopper suchen immer in den reichsten Gegenden Londons nach Schnäppchen, da hier die besten Designer-

... hat die Qual.

teile abgegeben werden: Nicole Farhi, Gucci, Hackett ... Das Abklappern der Charity Shops kann sich aber auch in weniger exklusiven Stadtvierteln lohnen. Das bisher beste Preis-Leistungsverhältnis erreichte unsere Autorin im Laden des Marie-Curie-Krebshilfevereins auf der etwas gammeligen Green Lanes in Nordlondon: ein stylisches pink-weißes Kleid für £ 1,50 (handgenähtes Einzelstück, eine ehemalige Gardine!) und apfelgrüne Lederstiefelchen für den nächsten St. Patrick's Day: für ganze drei Pfund.

Wer die Wahl hat, ...

ADRESSEN

Salvation Army (Heilsarmee): u.a. 9 Princes Street, U-Bahn: Oxford Circus, www.salvationarmy.org.uk. Mode auf zwei Stockwerken, superzentral.

Rotes Kreuz: u.a. 67 Old Church Street, www.redcross.org.uk,

U-Bahn: Sloane Square, www.redcross.org.uk. Schön präsentiert, in einer Seitenstraße der berühmten King's Road.

Weitere Tipps aktuell vor Ort auch im Stadtmagazin TimeOut oder: *www.timeout.com*

Service

14.55 Uhr am Eurostar-Bahnhof St. Pancras: Erst ins Hotel, frisch machen und ab in die Stadt!

ANREISE

Flugzeug: British Airways (www.ba.com), Lufthansa (www.lufthansa.com) und Swiss International (www.swiss.com) fliegen Heathrow (super-busy), City und Gatwick an. Drehkreuze für Billigflieger (www.airberlin.com, www.easyjet.com, www.germanwings.de, www.ryanair.com) sind Stansted und Luton.

Zug: Die Bahn (z.B. „London-Spezial"-Angebote, www.bahn.de, jetzt auch als Online-Ticket buchbar) per ICE-Zubringer und Eurostar unter dem Ärmelkanal-Tunnel ist die entspannende und umweltschonende Alternative zum Flug, mit Fahrtzeiten z. B. von Köln über Brüssel nach London in weniger als fünf Stunden.

Auto: Wegen Parkkosten und -restriktionen sowie Citymaut lohnt sich die Mitnahme des eigenen Wagens selten. Falls doch: Achtung Linksverkehr!

AUSKUNFT

Internet: Die Website der zentralen Fremdenverkehrsorganisation (www.visitlondon.com) ist der beste Startpunkt. Zusätzliche Informationsquellen: www.visitbritain.com, www.londontown.com mit Hotelbuchungsservice inklusive Niedrigpreisgarantie, www.timeout.com/london sowie die Website der Evening Standard-Tageszeitung www.standard.co.uk.

Touristeninformation vor Ort gibt es beim Britain and London Tourist Information Centre (1 Lower Regent Street, U-Bahn: Piccadilly, Tel. 08701 56 63 66) sowie an über 40 weiteren Orten der Stadt.

Diplomatische Vertretungen:
Embassy of the Federal Republic of Germany, 23 Belgrave Square, London, SW1X 8PZ, Tel. 78 24 13 00, www.london.diplo.de

Embassy of Switzerland, 16-18 Montagu Place, London W1H 2BQ, Tel. 76 16 60 00, www.eda.admin.ch/london

Österreichische Botschaft London: 18 Belgrave Mews West, London SW1X HU, Tel. 73 44 32 50, www.bmeia.gv.at/botschaft/london.html

FEIERTAGE & FESTE

Chinese New Year Farbenfrohe Neujahrsparade mit Akrobatik, Drachen, Trommel-, Gong- und Zimbelschlag, Maskentanz, China-Food … (www.londonchinatown.org). Wechselnde Daten: 10.2.2013 (Schlange), 31.1.2014 (Pferd), 19.2.2015 (Schaf).

St. Patrick's Day Am Wochenende, das dem 17. März am nächsten liegt, feiert Londons irische Community mit grüner Kleidung, Kleeblättersymbolik und viel Guinness (www.london.gov.uk).

Flora London Marathon Im April rennen über 30 000 Marathonläufer durch die Stadt – die meisten für einen guten Zweck und oft auch in einfallsreichen Kostümen (www.virginlondonmarathon.com).

Chelsea Flower Show Fünftägige Show der neuesten Garten- und Blumentrends im Mai (www.rhs.org.uk).

Trooping the Colour Militärische Wachablösung zum offiziellen Geburtstag der Queen im Juni, Buckingham Palace (www.trooping-the-colour.co.uk).

Proms Weltgrößtes Festival klassischer Musik zwischen Mitte Juli und Mitte September mit Weltklasse-Konzerten in der Royal Albert Hall (www.bbc.co.uk/proms).

Notting Hill Carnival Europas größtes Straßenfestival am letzten Wochenende (So. und Mo.) im August: karibische Umzüge mit glitzernden Kostümen, boomenden Soundsystemen, leckeren Food-Ständen, grellen Trillerpfeifen (www.nottinghill-carnival.co.uk).

Lord Mayor's Procession Am 2. Sa. im Nov. um 11.00 Uhr zieht der neu gewählte Bürgermeister der City of London los, um Loyalität zur Krone zu schwören. Feuerwerk 17 Uhr (www.lordmayorsshow.org).

New Year Silvesterfeuerwerk vom London Eye nach Big Bens Mitternachts-Glockenschlag. Alles drängt sich an Themseufer und Trafalgar Square. Am nächsten Tag Neujahrsparade zwischen 12.00 und 15.00 Uhr. Feiertage sind zudem der Karfreitag (Good Friday), Ostermontag (Easter Monday), der letzte Mo. im Mai (Spring Bank Holiday), der letzte Mo. im Aug. (Summer Bank Holiday) sowie der 1. und 2. Weihnachtsfeiertag (Christmas Day, Boxing Day). Wenn ein Feiertag auf einen Sa. oder So. fällt, ist auch der darauffolgende Mo. ein Feiertag.

GELD

Bis auf Weiteres regiert das Pfund Sterling (£), unterteilt in 100 Pence. Debit- und Kreditkarten (VISA/MasterCard) wie die EuroCard werden auch für kleine Beträge angenommen. Seit der Finanzkrise zahlt man für ein Pfund um die 1,25 Euro – good news für Londonbesucher.

GESUNDHEIT & NOTFÄLLE

Das britische Gesundheitssystem NHS (www.nhs.uk) sieht in akuten Krankheits- und Notfällen eine kostenfreie Behandlung vor. Sollten Sie keinen privaten Schutz haben, vergessen Sie Ihre europäische Krankenversicherungskarte (EHIC) nicht, die EU-Bürgern sowie Schweizern

London von oben: Ready for lift-off

Ob mit dem Kajak, dem Speedboot oder einem City Cruiser: Eine Themsefahrt macht Spaß.

NHS-Betreuung sichert. 24-Std.-Informationshotline: Tel. 08454647. Praktisch für Touristen sind walk-in centres (z.B. 1 Frith Street in Soho, Tel. 75346500). Deutschsprachige Ärzte finden Sie unter www.deutsche-in-london.net (Rubrik „Gesundheit"). In Notfällen (emergencies) aller Art wählen Sie 999. Auf die Frage „Which service please?" wählen Sie Polizei (police), einen Krankenwagen (ambulance) oder die Feuerwehr (fire brigade). In nicht dringenden Fällen erreichen Sie die Metropolitan Police unter der Rufnummer 101.

HOTELS/UNTERKUNFT

Preiskategorien

€€€	Doppelzimmer	über 175 GBP
€€	Doppelzimmer	100–175 GBP
€	Doppelzimmer	bis 100 GBP

London hat alles: von der fensterlosen Besenkammer zum neuesten Boutique-Designhotel. Zunehmend bieten die Hotels Gratis-WLAN an. Für Improvisierer und Abenteurer: www.lastminute.com hat „letzte Angebote", bei denen man erst nach der Ankunft erfährt, wo man untergebracht ist. Für Finanzkrisen-Opfer: www.london30.com, mit Angeboten für um die 30 Pfund. Traditionsbewusste betten ihr Haupt im legendären €€€ **Ritz** (150 Piccadilly, U-Bahn: Green Park, Tel. 74938181, www.theritzlondon.com) in Mayfair, direkt am Green Park, ganz nach dem Motto: Man gönnt sich ja sonst nichts. Ein atmosphärischer Celebrity-Favorit im trendigen Clerkenwell ist das €€€ **Rookery** (12 Pe-

ter's Lane, Cowcross Street, U-Bahn: Farringdon, Tel. 73360931, www.rookeryhotel.com) mit Himmelbetten und antiken Badewannen.
In der coolen Bar des €€€ **Soho Hotels** (4 Richmond Mews, U-Bahn: Tottenham Court Road, Tel. 75593000, www.firmdale.com) in einer ruhigen Seitenstraße des Entertainment-Viertels mischen sich die Medienmacher unter die übernachtenden VIPs.
Von den Suiten des ökologisch angehauchten €€€ **Wyndham Grand London** (Chelsea Harbour, U-Bahn: Fulham Broadway, Tel. 78233000, www.wyndhamgrandlondon.co.uk) haben Sie einen schönen Blick auf den Jachthafen.
Ein stylisches, freundliches, großes Hotel, einen Steinwurf von den Houses of Parliament und der Tate Britain, ist das €€€ **Double Tree by Hilton London – Westminster** (30 John Islip Street, U-Bahn: Westminster, Tel. 76301000, http://doubletree3.hilton.com).
An der Schneidermeile Jermyn Street wartet das historische Viersterne €€€ **Cavendish Hotel** (81 Jermyn Street, U-Bahn: Piccadilly, Tel. 79302111, www.thecavendish-london.co.uk), eines der grünsten Hotels der Stadt, schenkt fair gehandelten Kaffee aus und schrubbt mit Öko-Putzmitteln etc.
Das €€€ **51 Buckinghamgate** (51 Buckingham Gate, U-Bahn: St. James's Park, Tel. 77697766, www.51-buckinghamgate.com) ist ein zentrales Luxus-(Apartment-)Hotel mit Babysitting-Service und vielen anderen Annehmlichkeiten. Earl's Court in Westlondon ist nicht die schickste Adresse, aber dafür stimmen bei dem hübschen €€ **Twenty Nevern Square** (20 Nevern Square, U-Bahn: Earl's Court, Tel. 75659555, www.20nevernsquare.com) die Preise (interessante asiatisch inspirierte Einrichtung, Terrasse für Raucher und Kaffeetrinker).

Geografische Lage: London liegt im Themse-Flutbecken im Südosten Englands, etwa 75 km oberhalb der Mündung der Themse in die Nordsee. Das Großraumgebiet Greater London entstand 1965 aus der Grafschaft London und erstreckt sich über 1579 km². Die Stadt entstand aus einer Siedlung am Nordufer, der heutigen City of London; bis zum Jahr 1739 war die London Bridge die einzige Brücke über den Fluss. Erst im 18. Jh. begann sich London mit dem Bau weiterer Brücken in alle Richtungen auszudehnen. Zu den höchsten Erhebungen gehören Parliament Hill in Hampstead Heath (134 m) und Primrose Hill (63 m) nördlich von Regent's Park.

Bevölkerung: Mit rund 7,5 Mio Einw. ist Greater London Europas größte Stadt. Inoffiziell verläuft die Trennung zwischen Londonern und Nicht-Londonern „innerhalb" und „außerhalb" der Ringautobahn M 25. Ein Viertel der Londoner wurde im Ausland geboren, ein Drittel gehört einer nicht-weißen ethnischen Gruppe an, etwa 300 Sprachen werden hier gesprochen. London ist eine Stadt der sozialen Extreme: Einerseits jongliert man in der Finanzmetropole mit unvorstellbaren Summen, andererseits lebt in Inner London eine halbe Million Kinder unter der Armutsgrenze – der höchste Anteil im Land.

Verwaltung & Politik: London, die Hauptstadt Englands wie des Vereinigten Königreiches, ist unterteilt in die alten Stadtkern City of London und 32 Stadtteile (boroughs). 14 Jahre lang, zwischen 1986, als die Thatcher-Regierung sie abschaffte, und 2000, als der Sozialist Ken zum Bürgermeister gewählt wurde, gab es keine oberste Stadtverwaltung. 2008 wurde der „Rote Ken", der sich als ökologischer Erneuerer profiliert hatte, von Boris Johnson abgelöst, einem konservativen – aber nonkonformistischen – Parlamentsabgeordneten, der sich mehr für große Ideen als für Details interessiert. 2012 wurde er im Amt bestätigt.

Wirtschaft: London ist einer der bedeutendsten Finanzplätze der Welt und das Medienzentrum des Landes; der flussabwärts entstandene Seehafen gehört zu den größten der Welt. Meiste Arbeitsplätze: Dienstleistungsgewerbe, Tourismus.

Service

Geschichte

43 n. Chr. Kaiser Claudius gründet am Nordufer der Themse, an der Stelle einer keltischen Siedlung, das römische „Londinium" und lässt eine erste Brücke über den Fluss errichten.

um 200 Bau der römischen Stadtmauer (London Wall).

410 Die Römer ziehen sich aus London und Britannien zurück.

um 450 Angeln und Sachsen von der deutschen Nordwestküste erobern Britannien, legen einen Hafen in dem von ihnen kontrollierten Londoner Gebiet an und nennen den Ort „Lundenvic".

604 Erste Erwähnung eines dem heiligen Paulus geweihten Kirchenbaus.

796 Unter den Angelsachsen wird London zur königlichen Residenz.

1065 Vollendung der Westminster Abbey.

1066 Krönung von Wilhelm dem Eroberer in der Westminster Abbey.

1078 Wilhem der Eroberer lässt den Tower of London zur steinernen Festung ausbauen.

1176 Bau der ersten Steinbrücke über die Themse.

1191 Die City of London wird von Richard I. als selbstverwaltete Stadtrepublik anerkannt und wählt einen ersten Bürgermeister (Lord Mayor).

1215 Die König Johann I. abgerungene Magna Charta Libertatum, die „große Urkunde der Freiheiten", verleiht auch London mehr Eigenständigkeit und Macht.

1240 In Westminster tagt ein erstes Parlament.

1245–1269 Neubau der Westminster Abbey im gotischen Stil.

1332 Das Parlament teilt sich in zwei Kammern (House of Lords, House of Commons).

1348–1350 Der Schwarze Tod, die Pest, kostet Zehntausende von Londonern das Leben.

1381 Bauernaufstand gegen die von Richard II. erhobene Kopfsteuer.

1394 Richard II. lässt Westminster Hall umbauen.

1411–1440 Die Guildhall, das Rathaus der Stadt, wird errichtet.

1485 Heinrich VII. besteigt den Thron und begründet die Tudor-Dynastie.

16. Jh. London steigt zur Seemacht auf und entwickelt sich zum wichtigsten Handels- und Güterumschlagplatz der Welt.

1533/1534 Nachdem Papst Clemens VII. ihm die Scheidung verweigert, bricht Heinrich VIII. mit der römisch-katholischen Kirche, begründet die Anglikanische Kirche und macht sich selbst zu deren Oberhaupt.

1566 Der Kaufmann Sir Thomas Gresham begründet die Königliche Börse (Royal Exchange).

1584 Walter Raleigh gründet die erste englische Kolonie in Amerika.

1591 Das Globe Theatre wird gebaut.

1605 Der katholische Rebell Guy Fawkes scheitert bei seinem Versuch, das Parlament mit König Jakob I. in die Luft zu sprengen.

1637 Charles I. macht den königlichen Hyde Park öffentlich zugänglich.

1665 Große Pestepidemie mit rund 100 000 Toten.

1666 Das Große Feuer von London zerstört große Teile der Stadt.

1714 Die deutschen Kurfürsten von Hannover werden zu legitimen Erben des englischen Throns, den Georg I. besteigt.

1759 Eröffnung des (bereits 1753 gegründeten British Museum).
Der berühmte Landschaftsarchitekt Capability Brown beginnt mit der Anlage der heute weltbekannten (erst 1841 offiziell eröffneten) Kew Gardens.

1776 Nach dem Amerikanischen Unabhängigkeitskrieg verliert England die amerikanischen Kolonien.

1694 William Paterson gründet die Bank von England.

1801 Eine erste Volkszählung ergibt 860 035 Einwohner für London.

1802 Eröffnung der Londoner Börse.

1824 Gründung der National Gallery.

1829 Die ersten von Pferden gezogenen Busse fahren durch London.

1840–1852 Neubau des Westminster Palace (Houses of Parliament).

1843 Am Trafalgar Square errichtet man die Nelson's Column.

1851 In London findet die erste Weltausstellung überhaupt statt.

1863 Die erste U-Bahn der Welt verkehrt zwischen Paddington und Farrington Road.

1894 Die Tower Bridge wird fertiggestellt.

1922 Erste Radiosendung der BBC (British Broadcasting Corporation).

1936 König Eduard VIII. dankt freiwillig ab, um Wallis Simpson zu heiraten. Nachfolger ist sein Bruder Georg VI.

1940 Winston Churchill wird Premierminister.

1953 Nach dem Tod Georgs VI. besteigt Elizabeth II. den Thron.

1956 Neu sind rote Doppeldeckerbusse.

1960er-Jahre Swinging Sixties: Die Beatles und die Rolling Stones machen London zum Nabel der Popmusikwelt.

1979 Margaret Thatcher wird als erste Frau in diesem Amt Premierministerin.

1997 Prinzessin Diana stirbt tragisch bei einem Autounfall in Paris.

2005 London wird zum Ziel von Bombenanschlägen islamistischer Terroristen; mehr als 50 Menschen sterben.

2008 Boris Johnson zum Bürgermeister (Mayor) gewählt und 2012 im Amt bestätigt.

2008 Neuer „Borismaster"-Doppeldecker
2010 Gratis-Räder-Projekt.

2011 Hochzeit von Prinz William und der bürgerlichen Kate Middleton in Westminster Abbey.

2012 Diamond Jubilee: Thronjubiläum der Queen. – Zum dritten Mal finden die Olympischen Spiele in London statt.

Unscheinbar, aber als stummer Zeitzeuge bedeutend: der London Stone in der Cannon Street

Mittagspause auf Londoner Art: „I'll just have a Sandwich"

Das €€ **B&B Belgravia** (64-66 Ebury Street, U-Bahn: Victoria, Tel. 78 23 49 28, www.bb-belgravia.com) ist ein preisgekröntes und stylisches Bed & Breakfast.

Das €/€€ **Hoxton Hotel** (81 Great Eastern Street, U-Bahn: Old Street, Tel. 75 50 10 00, www.hoxtonhotels.com) im hippen Shoreditch ist nur einen Katzensprung von der City entfernt und bietet Gratis-WLAN, Entendaunen-Betten sowie großzügige Frühbucher-Rabatte.

Das € **Hampstead Village Guesthouse** (Kemplay Road, U-Bahn: Hampstead, Tel. 74 35 86 79, www.hampsteadguesthouse.com) ist ein gemütliches Nordlondoner Guesthouse nahe an Hampstead Heath, und doch nur zwanzig Minuten von der Innenstadt entfernt. Im Sommer wird das Frühstück im Garten eingenommen.

Mexikanisch-bunt dekoriert, originell und freundlich ist das €€ **Church Street Hotel** (29-33 Camberwell Church Street, U-Bahn: Oval, Tel. 77 03 59 84, www.churchstreethotel.com) in einem aufstrebenden Viertel in Südlondon. Gemütliche Gemeinschafts-Bar auf Vertrauensbasis zum Relaxen und Austausch mit anderen Gästen rund um die Uhr, cooles Tapas-Restaurant in Kirchen-Optik.

Das € **Premier Inn County Hall** (Belvedere Road, U-Bahn: Westminster, Tel. 0871 5278648, www.premierinn.com) ist ein Kettenhotel im denkmalgeschützten ehemaligen Stadtverwaltungsgebäude direkt neben dem London Eye. Fragen Sie nach Zimmern mit Themseblick.

ÖFFNUNGSZEITEN

Banken sind werktags von 9.30 bis 17.30, Sa. bis 13.00 Uhr geöffnet (nicht in der City of London).

Pubs öffnen meist zwischen 11.00 und 23.00, So. 12.00 bis 22.30 Uhr. Die üblichen Ladenöffnungszeiten sind von 9.00 bis 17.30 Uhr, wenn auch So. geöffnet ist, dann meist nur am Nachmittag. Kaufhäuser um die Oxford Street herum sind mindestens bis 19.00, manche auch bis 21.00 Uhr geöffnet. Supermärkte haben oft bis 22.00 Uhr auf, manche sogar rund um die Uhr, viele auch So. von 10.00 bis 16.00 Uhr.

RESTAURANTS

Preiskategorien

€€€	Abendessen	über 40 GBP
€€	Abendessen	25–40 GBP
€	Abendessen	bis 25 GBP

Nach den Jahren des „Asian Fusion Rules!" haben Köche und Konsumenten Great British Food wiederentdeckt, inklusive des English Breakfast. Gastropubs verbinden Gemütlichkeit mit gutem Essen. Andere Trends sind Bio- und saisonale Kost, Designer-Burgers, Salatbars. Teurere Restaurants haben oft *tasting menus*, bei denen sich die Gäste durch Miniatur-Gänge essen können. Oft werden 12,5 % Trinkgeld als *service charge* auf den Preis aufgeschlagen – auf's Kleingedruckte achten! Reservieren ist vor allem an Wochenenden bei den meisten besseren Restaurants empfehlenswert.

Eines der ungewöhnlichsten Restaurants in London ist das €€€ **Wapping Project** (Wapping Wall, U-Bahn: DLR Shadwell, Tel. 76 80 20 80, www.thewappingproject.com) in einem umgebauten viktorianischen Wasserkraftwerk. Moderne europäische Küche, mit Kerzenschein zwischen Industrial Chic und „Kunst im öffentlichen Raum". Australische Weine only und ein bisschen versnobt für das Gebotene. Tipp: Stattdessen Afternoon Tea oder ein Glas Wein mit Snack.

Der gefeierte €€€ **Bocca di Lupo** (12 Archer Street, U-Bahn: Piccadilly Circus, Tel. 77 34 22 23, www.boccadilupo.com) serviert regionale italienische Spezialitäten – Caponata aus Sizilien, Canellini-Bohnen aus der Emilia-Romagna und gebratene Artischocken aus der Toskana – hinter der Terrakotta-Fassade in Soho. Gute Prä-/Post-Theater-Option.

Der neue Klassiker britischer Cuisine in Soho ist das €€ **Arbutus Restaurant** (63-64 Frith Street, U-Bahn: Tottenham Court Road, Tel. 77 34 45 45, www.arbutusrestaurant.co.uk) mit einem wöchentlich wechselnden, saisonabhängigen Menü, gutem Preis-Leistungs-Verhältnis und der richtigen Mischung zwischen rustikal und innovativ.

Die zu Recht überaus erfolgreiche Restaurantkette € **Masala-Zone** (www.masalazone.com) bietet eine recht authentische indische Küche in mittlerweile sieben Filialen – am zentralsten gelegen in Soho (9 Marshall Street) und Covent Garden (48 Floral Street). Freundlicher Service und gute Ideen wie indisches Street Food und ungewöhnliche Limonaden.

Der €€ **Mango Room** (10-12 Kentish Town Road, U-Bahn: Camden Town, Tel. 74 82 50 65, www.mangoroom.co.uk) serviert karibische Spezialitäten zu Ska- und Reggae-Klängen in Camden Town.

Im €€ / €€€ **Wolseley** (160 Piccadilly, U-Bahn: Green Park, Tel. 74 99 69 96, www.thewolseley.com) herrscht Wiener Kaffeehaus-Feeling. Sehr beliebt für ein gepflegtes Frühstück und praktisch für Fortnum & Mason und die Blockbuster-Ausstellungen der Royal Academy.

Die € **Bar Bruno** (101 Wardour Street, U-Bahn: Piccadilly Circus, Tel. 77 34 37 50) bietet den ganzen Tag English Breakfast im Herzen von Soho. Hervorragende frische Fish & Chips gibt es zentral beim € **Rock & Sole Plaice** (47 Endell Street, U-Bahn: Covent Garden, Tel. 78 36 37 85, www.rockandsoleplaice.com).

€ **Neal's Yard Salad Bar** (2 Neal's Yard, U-Bahn: Covent Garden, Tel. 78 36 32 33, www.nealsyardsaladbar.com) hat eine große Auswahl an vegetarischen und veganen Gerichten, inkl. brasilianischer Vollwertpizza.

Das ökologisch orientierte Restaurant € **Waterhouse** (10 Orsman Road, U-Bahn: Haggerston) im hippen Shoreditch serviert „Modern London"-Cuisine mit biologischen, regionalen Produkten und bietet Kanalterrasse, Gratis-WLAN und wochentags auch Frühstück.

Service

TELEFON

Die **Vorwahl** für London ist 020; innerhalb Großbritanniens muss sie vor jeder Telefonnummer gewählt werden (das gilt auch für alle in diesem Band angegebenen Londoner Telefonnummern). Außerhalb Großbritanniens wählt man nach London 0044/20 und dann die jeweilige Telefonnummer. Von Großbritannien nach Deutschland wählt man die Landesvorwahl 0049, nach Österreich 0043, in die Schweiz 0041.

Öffentliche Telefonzellen akzeptieren Münzen und Kreditkarten. Die Nummern britischer Mobiltelefone beginnen mit 07. Wenn Sie länger als ein Wochenende bleiben und z. B. Restaurant- oder Ticketbuchungen vornehmen oder mit Freunden telefonieren wollen, lohnt sich eine englische SIM-Card. Viele ausländische Handys müssen allerdings kostspielig entsperrt werden; es lohnt sich, in einem Handy-Laden das billigste Modell (handset) mit Pre-paid-Guthaben zu kaufen. Übrigens: Bei Vodafone im St.-Pancras-Bahnhof und im Harrods können Sie die gängigsten Modelle für etwa 1 Pfund aufladen.

UNTERWEGS IN LONDON

Das Londoner Nahverkehrsnetz für **Bahn und Bus** (24-Std.-Info, Tel. 72 22 12 34, www.tfl. co.uk, auch auf Deutsch) ist in sechs Zonen unterteilt, Touristen bewegen sich im weitverzweigten U-Bahnnetz im Normalfall in den Zonen 1-4, der Flughafen Heathrow befindet sich in Zone 6. Einzelfahrten lohnen sich nicht, das Zauberwort heißt **Oystercard**: Da zahlen Sie für beliebig viele Fahrten am Tag („pay as you go") maximal 6,30 Pfund (eine Einzelfahrt kostet in der Tube 4,50 Pfund).

Die **Taxis**, „Black Cabs", sind nicht immer schwarz, aber sicher und empfehlenswert, etwa 10 Prozent Trinkgeld zu geben ist üblich. **Deutschsprachige Stadtführungen**, inklusive Pause im Pub, gibt es zwischen März und Oktober bei London Tours (Tel. 74 87 47 36, www. londontoursaufdeutsch.com).

London Helicopters, The Servotec Building, Redhill Aerodrome, Surrey, Tel. 0044 17 37 82 35 14, www.london-helicopters.co.uk. 35-minütige Zugfahrt von Victoria nach Redhill plus kurze Taxifahrt zum Flugplatz.

Wetterdaten

London

	TAGES-TEMP. MAX.	NACHT-TEMP. MIN.	TAGE MIT NIEDER-SCHLAG	SONNEN-STUNDEN PRO TAG
Januar	6°	2°	15	1
Februar	7°	2°	13	2
März	10°	3°	11	4
April	13°	6°	12	5
Mai	17°	8°	12	6
Juni	20°	12°	11	7
Juli	22°	14°	12	6
August	21°	13°	11	6
September	19°	11°	13	5
Oktober	14°	8°	13	3
November	10°	5°	15	2
Dezember	7°	4°	15	1

Living History in Southwark, Londons „erster sündigen Meile" am östlichen Südufer der Themse

Register

Impressum

2. Auflage 2012
© DuMont Reiseverlag, Ostfildern

Verlag: DuMont Reiseverlag, Postfach 3151, 73751 Ostfildern, Tel. 0711/4502-0, Fax 0711/4502-343, www.dumontreise.de
Geschäftsführer: Dr. Thomas Brinkmann, Dr. Stephanie Mair-Huydts
Programmleitung: Birgit Borowski
Redaktion: Konzeption & Redaktion, Leinfelden-Echterdingen
Text/Aktualisierung: Kathleen Becker
Exklusiv-Fotografie: Martin Sasse
Titelbild: Getty Images/Grady Coppell (Bank of England)
Zusätzliches Bildmaterial: S. 12–15 H. & D. Zielske/LOOK-foto, 30 u.r. laif/Polaris/Theodore Wood, 39 (3) mauritius images/Alamy, 51 o. mauritius images/imagebroker/Silwen Randebrock, 51 u. © Tate, London, 2010; 52 mauritius images/Alamy, 54 o. dpa-Ian West, 55 dpa-PA PA John Stillwell1, 58 o. l/r Ingolf Pompe/LOOK-Foto, 59 o. l/r Ingolf Pompe/LOOK-Foto, 60 Getty Images, 61 o./u. www.london2012.com, 65 (3) mauritius images/Alamy, 66 H. & D. Zielske/LOOK-foto, 74 REA/laif, 75 u. Hub/laif, 79 (2) mauritius images/Alamy, 80/81, 7 u.l. age fotostock/LOOK-foto, 95 (3) mauritius images/Alamy, 104 The NewYorkTimes/Redux/laif, 107 mauritius images/imagebroker/Heiner Heine, 111 (3) mauritius images/Alamy.
Grafische Konzeption, Art Direktion: fpm factor product münchen
Layout: CYCLUS · Visuelle Kommunikation, Stuttgart
Kartografie: © MAIRDUMONT GmbH & Co. KG, Ostfildern
DuMont Bildarchiv: Marco-Polo-Straße 1, 73760 Ostfildern, Tel. 0711/4502-266, Fax 0711/4502-1006, bildarchiv@mairdumont.com

Für die Richtigkeit der in diesem DuMont Bildatlas angegebenen Daten – Adressen, Öffnungszeiten, Telefonnummern usw. – kann der Verlag keine Garantie übernehmen. Nachdruck, auch auszugsweise, nur mit vorheriger Genehmigung des Verlages. Erscheinungsweise: monatlich.

Anzeigenvermarktung: MAIRDUMONT MEDIA, Tel. 0711/4502333, Fax 0711/45021012, media@mairdumont.com, http://media.mairdumont.com
Vertrieb Zeitschriftenhandel: PARTNER Medienservices GmbH, Postfach 810420, 70521 Stuttgart, Tel. 0711/7252-212, Fax 0711/7252-320
Vertrieb Abonnement: Leserservice DuMont Bildatlas, Zenit Pressevertrieb GmbH, Postfach 810640, 70523 Stuttgart, Tel. 0180/5727252-265, Fax 0180/5727252-333, dumontreise@zenit-presse.de
Vertrieb Buchhandel und Einzelhefte: MAIRDUMONT GmbH & Co KG, Marco-Polo-Straße 1, 73760 Ostfildern, Tel. 0711/4502-0, Fax 0711/4502-340
Druck und buchbinderische Verarbeitung: NEEF + STUMME premium printing GmbH & Co. KG, Wittingen, Printed in Germany

Abendstimmung an der Mosel – hoch über Cochem thront das Wahrzeichen des Weinortes, die Reichsburg.

MOSEL

Städte am Fluss
Für Koblenz und Trier mit ihren Sehenswürdigkeiten sollte man sich Zeit nehmen.

Zeugen der Macht
Kaum eine zweite Region in Europa kann sich so vieler prächtiger Burgen rühmen.

Flussreise im Kanadier
Sightseeing vom Wasser aus ist ein herrliches Vergnügen.

Kaum ein Istanbul-Besucher lässt sich die Schiffstour auf dem Bosporus entgehen.

ISTANBUL

Boomtown am Bosporus
Istanbul verändert sich rasant und punktet mit einer Mischung aus Orient und Okzident.

Szenetreffs
Die Clubszene hat einiges zu bieten und die Auswahl an trendigen Restaurants ist groß.

Feilschen muss sein
Auf dem Basar wird gehandelt, gefeilscht und Tee getrunken.

Lieferbare Ausgaben

www.dumontreise.de